지하철 1호선 독서클럽

지하철 1호선 독서클럽

김수정 장편소설

사유와공감

Contents

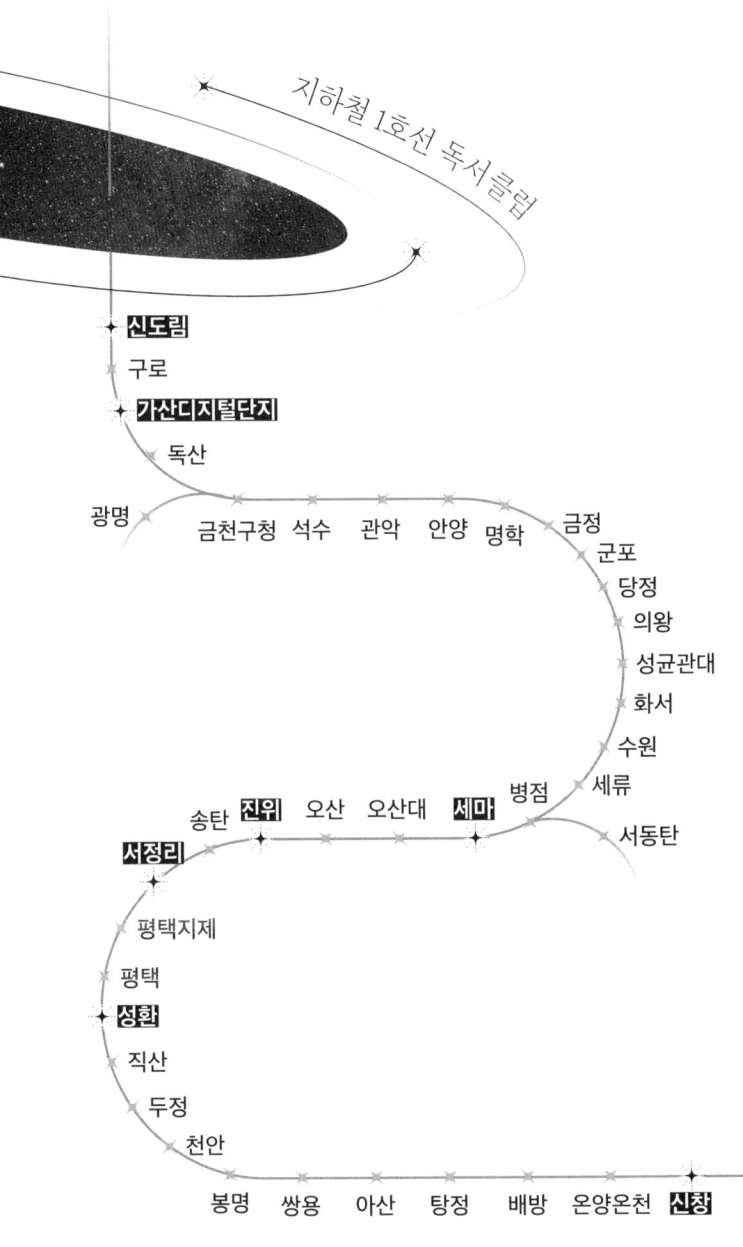

지하철 1호선 독서클럽

신도림
구로
가산디지털단지
독산
광명 금천구청 석수 관악 안양 명학 금정
군포
당정
의왕
성균관대
화서
수원
세류
송탄 진위 오산 오산대 세마 병점 서동탄
서정리
평택지제
평택
성환
직산
두정
천안
봉명 쌍용 아산 탕정 배방 온양온천 신창

년, 월, 일, 시.

생년(年)은 조상의 기운

생월(月)은 부모의 기운

생일(日)은 자신의 기운

생시(時)는 자식의 기운

모든 인간은 태어나는 순간 자식의 기운이 결정된다.

1979년 4월 17일 13시 15분, 충청남도 천안 서북구의 작은 마을에서 한 남자아이가 태어났다. 같은 해 10월 2일 21시 30분, 서울 금천구의 한 동네에서 여자아이가 태어났다. 천안에서 태어난 남자아이의 이름은 성휘, 금천구에서 태어난 여자아이의 이름은 샛별이었다.

성휘는 국민학교를 나와 중학교를 졸업한 뒤 고등학생이 될 때까지 동네 사람들로부터 종종 영민하다는 소리를 듣곤 했다. 어른들은 성휘의 부모에게 "쟈는 나중에 면사무도 서기라도 할 녀석이여."라는 말을 하곤 했는데, 그 말은 뭘 해도 할 녀석이라는 뜻이었다.

동네 사람들의 기대를 한 몸에 받았던 것과 달리 안타깝게도 그는 책상에 붙어 앉아 공부하는 스타일이 아니었다. 내신 성적은 언제나 엉망이었고, 어느새 부모는 성휘에게 더 이상의 기대를 하지 않게 되었다.

하지만 어른들의 안목이 아주 틀리지만은 않았는지, 자신들의 김치공장이나 물려줘야겠다는 결심을 거의 굳혀가던 부모에게 그는 고3 수능에서 믿을 수 없는 성적을 받아왔다.

부모는 당연히 아들을 서울로 보낼 생각이었다. 그런데 성휘는 한마디 상의도 없이 집 근처 대학에 원서를 넣은 뒤 단박에 합격해 버렸다. 원서를 쓸 당시 서울권 대학에 충분히 지원할 수 있는데, 어째서 하향 지원하냐는 담임 선생님의 물음에 대한 그의 대답은 "그냥 가까운 데로 다닐래요."였다.

그렇게 집 근처 대학에 다니면서 평범한 대학 생활을 하던 성휘는 1학년을 마치고 곧장 군대에 입대하려고 했으나, 허리디스크로 인한 면제 판정을 받아버리고 말았다. 다른 동기들과 달리 시간을 벌었다고 생각한 성휘는 대신 학업에 전념하여 4학년 졸업을 앞두고 서울 강남 소재지의 한 IT 회사에 취업했다.

동네 사람들은 "그래도 쟈가 어떻게든 서울에 가긴 가네."라며 면사무소 서기보다는 강남인지 IT인지가 낫다는 식으로 성휘를 칭찬했다.

그는 사원으로 입사해 주임, 대리, 과장을 거쳐 차장까지 진급하였으며, 주임 시절에 만난 여성과 결혼했다.

샛별은 국민학교를 나와 중학교를 졸업한 뒤 여상(여자 상업 고등학교)에 들어가 고3 졸업 전에 바로 취직했다.

그녀는 어려서부터 명절 또는 제사를 치를 때마다 친척들로부터 야무지다는 소리를 종종 들었다. 실제로 샛별은 삼 남매의 맏이로 태어나 오랜 시간 부모의 역할을 분담했다.

어린 시절, 막냇동생이 동네 형들에게 딱지를 빼앗기고 울면서 집으로 돌아온 적이 있었다. 샛별은 그 즉시 온 동네를 뒤져 가해자들을 찾아내 꿀밤을 먹인 뒤, 동생이 빼앗긴 딱지보다 더 많은 딱지를 돌려받아 왔다.

그러고는 두 번 다시 자기 남동생을 괴롭힐 수 없도록 다음날 가해 학생들의 학교에 직접 찾아가 그들의 담임 선생님에게 이 사실을 알렸다. 당시만 해도 체벌이 상당히 만연하던 때여서, 그들은 그날 복도에서 담임 선생님의 단소로 신명 나게 매타작당했고, 해당 사건은 동네에 두고두고 구전되었다.

그녀가 고등학교를 졸업하기도 전에 취직한 회사는 구로공단의 한 작은 부품회사였다. 라디오에 들어가는 트랜지스터 제조 회사의 경리로 근무하던 샛별은 예쁘장한 외모로 제법 많은 대시를 받았다.

사회인이 된 후로 그녀는 몇 번의 연애를 했으나 매번 그 기간이 그리 길지는 않았다. 라디오 부품회사의 경리로 약 7년 정도 근무하던 샛별은 게임 잡지사로 이직했다.

이직한 회사에서 3년 차 정도 되었을 때, 그녀는 우연히 출근길에 마주친 남자와 연애를 시작했고, 이듬해에 결혼했다.

1979년 4월 17일 13시 15분, 성휘가 태어난 순간, 지구로부터 처녀자리 방향으로 2,800만 광년 떨어진 솜브레로 은하에서 원시성이 탄생했다. 같은 해 10월 2일 21시 30분, 샛별이 태어난 순간, 앞선 원시성이 핵융합을 일으키며 항성(별)이 되었다.

두 남녀의 출생 시기는 지구에서의 시간으로 불과 반년 차이였으나, '같은 기간 동안' 솜브레로 은하의 시간은 무려 13만 년이었다. 플랫폼의 시간은 우주 광폭을 통해 확장된다.

지하철 1호선 독서클럽

　신도림역 1호선 선상 역사는 어느새 성운에게 낯익고 반가운 곳이 되었다. 매주 금요일 3시에 이곳을 통과하면 그때부터 '지하철 1호선 독서클럽'이 시작되는 것이다. 성운은 오늘도 2번 플랫폼 7-3 승강장 앞에서 열차를 기다렸다.

　성운은 평균 키에 마른 체형의 중학생으로 눈썹을 아주 살짝 덮을 정도로만 앞머리를 기르고 다녔다.

　그는 간혹 한 가지 생각에 골똘히 잠길 때마다 무의식중에 아랫입술을 내밀어 앞머리를 후후 불기도 했는데, 그럴 때마다 재빨리 오른손으로 흐트러진 앞머리를 정돈하곤 했다.

　지금 열차가 들어오고 있습니다. 승객 여러분께서는 안전선에서 한 걸음 물러서 주시길 바랍니다.

　성운은 열차의 출입문이 열리자, 빈자리부터 탐색했다.

오늘은 아쉽게도 빈자리가 하나도 없었다. 하지만 그에게는 곧 자리에 앉을 수 있다는 확신이 있었다.

성운이 매주 같은 요일, 비슷한 시간대에 꾸준히 열차에 탑승해 본 바, 승객들의 흐름에는 일정한 규칙이 있었다.

1호선은 신도림역을 기준으로, 남쪽으로 내려갈수록 승객이 줄어든다. 안양역이나 수원역 같은 곳에서는 제법 많은 사람이 타고 내리지만, 어차피 객실 내 총 승객 수에는 그다지 영향을 미치지 않는다.

잠시 후, 성운은 독산역에서 빈자리를 발견했다. 자리에 앉기 위해 그쪽으로 다가가는 순간, 대각선 건너편 자리에 앉아 책을 읽는 사람을 발견했다. 맞은편 출입문 쪽에 기대어 책을 읽는 사람도 보였다.

성운은 흐뭇한 표정을 지으며 이내 자신의 책을 보란 듯이 펼쳐 들었다.

오늘 성운이 도서관에서 빌린 책은 청소년 성장소설이었다. 독특한 표지에 이끌려 대여한 책인데, 부모 면접이라는 기발한 소재에 비슷한 또래의 주인공 이야기가 성운에게 깊은 몰입감을 선사했다.

그는 어딘가에 실제로 존재할 것만 같은 소설 속 주인공에게 넌지시 응원을 건네며 잠시 고개를 들었다.

열차가 도심에서 벗어나듯 달리는 동안에는 주로 높은 건물들 사이를 통과하다 보니 창밖 계절의 변화가 잘 느껴지지 않았다. 그런데 점차 도시를 벗어나자 초록색 풍경이 등장하기 시작했다.

3월과 마찬가지로 4월에도 여전히 논은 쉬고 있었다. 대신 감자 싹처럼 듬성듬성 논밭에 자란 잡초들이 계절을 말해주고 있었다.

아직 모내기 시기가 한참 남았지만, 초록은 자신의 존재감을 곳곳에서 확실히 드러내었다. 심지어 길가에 덩그러니 심어 있는 벚나무들은 이미 연분홍색 꽃잎을 무수히 공중에 흩날리는 중이었다.

지하철 1호선은 계절에 따라 풍경이 함께 바뀌는 곳이었다.

성운은 창밖의 계절이 동트는 풍경을 바라보다 깜빡 잠이 들었다. 그는 꿈에서 밤하늘의 별이 되어 드넓은 우주를 헤엄치고 있었다. 벚꽃이 그를 감싸고, 행성들은 춤을 추었다.

어느새 성운은 캄캄한 지하철 속 텅 빈 좌석에 혼자 앉아 있었다.

'뭐지? 여긴 어디지?'

성운은 아주 잠시 꿈과 현실을 분간하지 못했다.

장소는 여전히 1호선 객실 안인데, 열차 밖은 온통 깜깜했다. 같은 공간에 승객들이 몇 명 더 있었지만 차마 그들에게 말을 걸 엄두가 나지 않았다.

그럴 수밖에 없었던 게 바깥이 이렇게 깜깜한데, 자신 말고는 아무도 당황하는 사람이 없었다.

이곳은 과연 1호선 열차 안이 맞는 걸까? 그는 여전히 자신이 꿈에서 깨지 못했다고 생각했다.

잠시 후, 열차의 익숙한 흔들림과 소음이 온몸으로 전해졌다. 몇 번을 생각해도 지금, 이 상황은 절대 꿈이 아니었다.

후! 후!

성운은 자기도 모르게 입바람으로 앞머리를 허공에 휘날렸다. 그는 재빨리 오른손을 들어 앞머리를 털어내었고, 가볍게 심호흡을 한 다음 다시 찬찬히 주변을 둘러보았다.

성운이 간신히 용기를 내어 멀찌감치 떨어져 앉아 있던 승객에게 말을 걸려던 찰나, 그제야 열차가 터널을 벗어났다. 순식간에 터널을 벗어난 열차는 그림 같은 시골 풍경 속 한가운데를 직선으로 가르며 달리기 시작했다.

'와, 터널이었구나. 길기도 하네. 후유.'

조금 전 상황이 꿈이 아님을 깨달은 성운은 안도의 한숨을 몰아쉬었다. 잠시 후 그는 다시 한번 창밖을 내다보았다.

헐벗은 논이 저 멀리 산 아래까지 이어져 있었다. 중간에 작은 하천과 논두렁길이 잠깐 보이기도 했지만, 그밖에는 시선에 담기는 모든 평지가 전부 논이었다.

성운은 이곳이 어디인지 정확히 확인하기 위해 전광판을 올려다보았다.

'신창역? 신창역이라고?'

신창역은 1호선 종점이었다. 늘 지하철 독서클럽 SNS 공지 글에 적었던 신창행 완행열차의 바로 그 신창역 말이다.

'설마 깜빡 잠들었다가 종점까지 온 거야?'

성운은 재빨리 지하철 애플리케이션을 켠 뒤, 자신의 목적지인 성환역으로부터 얼마나 멀어졌는지를 확인했다. 다행히 신창역에서 성환역은 불과 30여 분 거리였다.

성운은 가슴을 쓸어내리며 종점에서 얼른 반대편 열차로 갈아타야겠다고 생각했다.

열차가 종점에 도착하자, 곧 출입문이 열렸다. 열차에서 내리려는 순간, 승강장 번호를 본 성운은 불현듯 이질적인 느낌을 지울 수가 없었다. 거기엔 어째서인지 4-2라는 숫자가 쓰여 있었다.

성운은 오늘도 분명히 신도림역 7-3 승강장에서 열차를 탔다.

그가 아는 한 타고 내리는 곳의 승강장 번호는 어느 역이든 동일하다. 이건 도무지 있을 수 없는 일이었다.

승강장의 숫자를 본 성운의 상상력이 또다시 폭주했다.

그는 '설마 내가 잠들어 있는 동안 누군가가 나를 다른 칸에 옮겨놓은 건가?'라는 엉뚱한 상상까지 해버리고 말았다. 하지만 그것은 자기가 생각해도 너무나 터무니없는 망상이었다.

성운은 승강장 번호를 애써 무시하며 일단은 신창역 플랫폼에 하차했다. 플랫폼에서 다시 한번 자신이 타고 왔던 열차를 돌아본 성운은 '그럼 이 열차는 이제 차고지로 들어가는 건가?'라고 생각했다.

신창역은 일반적인 기차역처럼 야외 역이었고, 자신이 내린 맞은편 방향 선로는 처음부터 끝까지 쭉 펜스로 막혀 있었다.

잠시 후, 그쪽 노선으로 화물열차 한 대가 지나갔다. 성운은 열차가 역을 그냥 통과하는 광경이 매우 흥미로워 잠시 그 장면을 지켜보았다. 줄지은 컨테이너들이 조금도 감속하지 않은 채로 빠르게 신창역을 관통하고 있었다.

'와! 저기로 떨어지면 뼈도 못 추리겠는데?'

열차의 마지막 화물칸까지 완전히 신창역을 벗어나자, 성운은 그제야 서둘러 환승해야 한다는 사실을 떠올렸다. 그는 조금 전 사람들이 일제히 향했던 방향으로 따라가면 출구든, 갈아타는 곳이든 뭐라도 나올 거로 생각했다.

그렇게 걸음을 옮기려던 찰나, 성운은 플랫폼 한가운데 있는 벤치에 여자아이가 앉아 있는 것을 발견했다. 심지어 그 소녀는 아까부터 계속 성운을 뚫어지게 응시하고 있었다.

여학생과 얽혀서 좋은 꼴을 볼 리 없다고 생각한 성운은 재빨리 시선을 거두었다.

'에이… 눈 마주쳤네….'

그는 상대의 시선을 최대한 외면하며 다소 노골적으로 소녀가 있는 벤치로부터 일정 거리를 두고 걸음을 옮겼다. 하지만 그럴수록 소녀는 더욱 집요하게 성운을 바라보았다. 결국 소녀의 끈질긴 시선에 성운도 더 이상 모른 척하는 것이 어려웠다.

소녀는 예쁘장한 얼굴에 단발머리를 하고 있었다. 날씨에 비해 좀 얇은 옷을 입고 있었는데, 딱히 추워 보이지는 않았다. 하지만 해가 떨어진 다음에는 확실히 감기에 걸릴 수도 있는 복장이었다.

어쩌면 이 친구도 갈아타는 곳을 몰라서 길을 물어보고 싶은데, 하필 근처에 있는 승객이 자기밖에 없어서 당황하는 중일지도 모른다. 하지만 마음속 염려와 달리 정작 성운의 입에서 튀어나온 말은 그다지 상냥하지 않았다.

"뭘 봐요…."

너무나 오래간만에 나눠보는 여학생과의 대화이다 보니 얼떨결에 퉁명스럽게 말해 버렸다. 초면에 좀 무례했나 싶었던 성운은 자신의 오른쪽 눈썹을 멋쩍게 긁적이며 질문을 추가했다.

"혹시 그쪽도 갈아타는 곳 찾고 있어요?"

"……."

소녀는 여전히 성운을 말똥말똥 쳐다보기만 할 뿐 그의 질문에 대답하지 않았다. 괜한 오지랖을 부렸다 싶었던 성운은 머쓱함에 이내 고개를 옆으로 돌려버렸다. 그리고 어색하게 몸을 틀어 플랫폼 끝에 있는 계단 쪽으로 걸어갔다.

"아빠?"

성운의 바로 등 뒤에서 아빠라는 호칭이 들렸지만, 지금 그의 주변에는 아무도 보이지 않았다. 문득 성운은 소녀가 도대체 어딜 보고 아빠를 찾은 것인지 궁금해졌다.

그는 소녀의 시선을 확인하고자 고개를 돌려 다시 플랫 폼 한가운데 있는 벤치를 쳐다보았다. 그런데 소녀는 여전 히 성운을 뚫어지게 지켜보고 있었다. 마치 처음부터 지금 까지 단 한 번도 시선을 거두지 않은 사람처럼 말이다.

죽어가는 은하

"아빠라니요? 설마 그거, 지금 저한테 하는 말이에요?"

"역시, 플랫폼이 열린 게 맞네!"

신창역 플랫폼 의자에 앉아 있던 소녀가 성운을 보고 말했다. 성운은 혹시 자기 말고 아직 플랫폼에 남아있는 사람이 있었던 건가 싶어 다시 한번 주변을 둘러보았다. 종점인 신창역에서 하차한 사람은 불과 십여 명 남짓이었다. 그마저도 하차 후 전부 계단으로 내려간 뒤였다.

플랫폼에는 소녀와 성운밖에 없었다.

"누… 구세요? 저한테 한 말 맞아요?"

"지금 내가 아빠 눈에 보이는 거잖아! 삼태성이 한 말이 사실이었네!"

소녀는 너무나 당연하다는 얼굴로 성운에게 대답했다.

하지만 성운은 지금, 이 상황을 전혀 이해할 수 없었다. 그도 그럴 수밖에 없는 게, 난생처음 와보는 낯선 장소에서 처음 보는 사람이 자신을 향해 너무나 친근하게 "아빠"라고 부르는데, 세상에 어느 누가 이 상황을 이해할 수 있겠는가.

"저 중3인데요? 그쪽도 제 또래로 보이는데 무슨 말도 안 되는 소리를 하는 거예요?"

"그거야 내 원시성이 아빠와 비슷한 나이로 플랫폼을 통과했으니까."

조금도 알아들을 수 없는 말들을 늘어놓는 것으로 보아 성운은 더 이상 이 소녀와 얽혀서는 안 된다고 생각했다.

하지만 그런 생각과 동시에 상대의 얼굴에서 왠지 알 수 없는 익숙함이 느껴졌다. 소녀는 성운이 잘 아는 눈빛을 가지고 있었다.

그는 어린 시절의 오지랖이 다시 스멀스멀 올라오는 것이 느껴졌으나, 이내 고개를 세차게 좌우로 가로저으며 정신을 붙잡았다.

'관여하지 말자. 남의 일에 관여하지 말자! 그런데 진짜 이대로 두고 가도 되는 걸까?'

성운은 뒤늦게 소녀가 조금 아픈 아이일 수도 있다고 생각했다. 만약에 그렇다면 텅 빈 플랫폼에 혼자 덩그러니 두고 갈 수도 없었다.

무엇보다 소녀의 익숙한 눈빛이 내내 마음에 걸렸다. 그는 평소 남의 일에는 절대 관여하지 않는 성격이었지만, 이번 한 번만 예외로 상대를 도와주기로 결심했다.

후! 후!

팔짱을 낀 채 앞머리에 입바람을 불던 성운은 흐트러진 앞머리를 정돈하는 것도 잊은 채 잠시 무언가를 고민하더니 눈앞의 소녀에게 구체적인 질문을 던졌다.

"저기요, 혹시 일행이나 부모님을 잃어버린 거예요?"

"잃어버리기는… 아빠는 지금 내 앞에 있잖아!"

호의가 동문서답으로 돌아왔다.

평생 연애 한 번 못 해 본 성운에게 이보다 더 황당한 대답이 또 있을까. 아니, 여자 친구를 사귄 적이 있다고 해도 지금 자신의 앞에 있는 소녀는 누가 봐도 또래의 중학생 정도였기에 막장에 막장을 거듭한다 해도 이건 말이 안 되는 상황이었다.

더 이상의 질문은 무의미하다는 판단이 든 성운은 일단 역무실로 향했다.

"아빠, 어디 가?"

"잠시만요, 제가 바로 직원 불러올게요."

"소용없을걸?"

소녀의 말을 뒤로한 채 성운은 플랫폼 반대쪽 계단으로

향했다. 성큼성큼 걸어가는 동안 5-3, 6-4, 7-3… 순으로 승강장 번호가 눈에 들어왔다.

고개를 돌려 플랫폼 저 멀리 의자에 앉아 있는 소녀를 확인한 그는 계단을 내려가자마자 어디로 가야 역무원을 찾을 수 있을지, 주변을 둘러보았다.

내려온 방향의 오른쪽으로 짧은 통로가 있었고, '나가는 곳' 표시를 따라 길을 꺾자, 에스컬레이터가 나왔다. 에스컬레이터를 타고 올라가니 정면으로 승차 게이트가 보였는데, 때마침 역무원이 게이트 옆문으로 들어오고 있었다.

"저기요!"

"무슨 일이시죠?"

"저기 플랫폼에 이상한 사람이 있어요."

"이상한 사람이요?"

역무원이 고개를 갸웃하며 성운에게 되물었다. 성운은 문득 자신이 한 말을 취객이나 위험한 사람으로 받아들였을 수도 있겠다는 생각이 들어 재빨리 설명을 번복했다.

"어떤 여자애가 일행을 잃어버린 것 같아요."

"여자아이가요?"

순간 역무원의 눈이 동그래졌다. 이번에는 소녀를 실종 아동이나 미아로 이해한 것 같았다.

역무원이 재빨리 에스컬레이터를 타고 내려가자, 성운
도 그의 뒤를 따라 내려갔다.

성운은 에스컬레이터를 성큼성큼 내려가는 역무원의 등
을 향해 다급히 부연 설명을 했다.

"제 또래 정도 되어 보이는데, 상태가 그 뭐랄까… 일행
을 놓쳤는지 좀 많이 혼란스러워 보였어요. 이쪽이요!"

에스컬레이터에서 내린 성운이 역무원을 추월하며 말했
다. 두 사람은 서둘러 텅 빈 플랫폼으로 뛰어가다시피 올라
갔다.

소녀는 여전히 플랫폼 마지막 의자에 앉아 있었다. 이대
로 역무원에게 소녀만 인계하면 여기서 자신의 역할은 끝
날 것이다. 그런데 역무원은 소녀를 그대로 지나쳐서 플랫
폼 끝을 향해 걸어갔다.

성운은 급하게 역무원을 불러 세웠다.

"여기, 이 친구예요!"

"예?"

"이 친구가 아빠를 찾는 것 같아요."

성운이 손짓으로 소녀를 가리켰다.

"… 학생, 지금 장난하는 거예요?"

역무원은 어이가 없다는 표정으로 성운에게 되물었다.

그의 얼굴에는 허탈함과 짜증이 함께 섞여 있었다.

소녀는 역무원과 성운을 번갈아 바라보며 킥킥거렸다.

"여기 이 친구….."

"저 사람한테는 아마 내가 안 보일걸?"

소녀가 끼어들며 말했다. 성운은 이게 무슨 헛소리인가 싶어 무시했지만, 역무원은 도리어 성운에게 짜증을 내기 시작했다.

"바빠 죽겠는데 이딴 장난이나 치고 말이야! 하아….."

이번에는 성운이 소녀와 역무원을 번갈아 바라보았다. 역무원이 바로 눈앞에 있는 소녀를 없는 사람 취급하자, 성운이야말로 역무원이 자기에게 장난을 친다고 생각했다.

"아저씨, 무섭게 왜 그러세요…. 여기, 얘, 있잖아요! 얘가 지금 안 보여요?"

성운이 진지한 얼굴로 추궁하자 역무원이 살짝 기겁하며 물었다.

"학생이야말로 정신이 좀 이상한 거 아냐?"

"아빠, 아빠 눈에만 내가 보이는 거라고. 그만해. 이러다가 저 사람이 경찰이라도 부르면 어쩌려고 그래?"

성운의 눈에도 역무원이 연기하는 것 같지는 않았다. 그럴 이유도 없고 말이다. 순식간에 상황 파악을 마친 성운은 억울해 미치겠는 감정을 억누르고 재빨리 역무원에게 사과했다.

"죄… 죄송합니다."

"뭐야? 지금 나랑 장난하자는 거예요? 하…. 수업 끝났으면 얼른 집에나 들어가요, 학생. 어디 교복인지 원… 이 근처는 아닌 것 같은데."

역무원은 들으라는 듯 대놓고 크게 한숨을 쉬며 플랫폼을 떠났다.

소녀는 두 다리를 앞뒤로 동동거리면서 자신이 보이지도 않는 역무원에게 고개를 까닥였다.

역무원이 반대쪽 플랫폼 끝 계단으로 터벅터벅 내려가자, 성운은 그제야 입을 열었다.

"진짜 내… 눈에만 보이는 거라고?"

"임시 플랫폼은 원래 아빠 눈에만 보이게 되어 있어."

"아까부터 진짜 계속 무슨 소리를 하는 거야! 나 올해 중3이고… 그리고 심지어 모쏠이라고! 여자라면 아주 질색이란 말이야!"

"말했잖아. 나는 플랫폼을 타고 왔다고."

"지금, 이 상황이 평범한 상황이 아니란 건 나도 알겠어. 그런데 좀 알아듣게 얘기할 순 없어?"

소녀가 멈칫하자 성운은 몰아세우다시피 언성을 높인 게 미안해졌다. 성운은 잠시 추궁을 멈추고 소녀의 옆에 멀찌감치 떨어져 앉았다.

자세히 보니 소녀의 왼쪽 귀에는 무선 이어폰 같은 게 꽂혀 있었다. 소녀는 이어폰에 잠시 손을 가져다 대더니, 이내 성운을 보고 말했다.

"아빠, 나도 부모별은 처음이라 뭐가 뭔지 잘 몰라. 일단 내가 아는 걸 먼저 설명한 다음, 나머지는 삼태성에 물어볼게."

"삼태성?"

"밤하늘에 별 세 개가 나란히 있는 거 본 적 있지?"

도시에서 나고 자란 성운은 맨눈으로 하늘에 뜬 별을 본 적이 없었다. 성운의 눈에 보이는 별은 사실 대부분 인공위성이었다.

"본 적은 없지만, 삼태성이 어떤 별인지는 알아. 북두칠성 옆에 있는 별 아냐? 내 질문은 그게 아니라 삼태성이 어떻게 설명을….."

"부모별에서는 삼신할머니라고 말하면 알 거래."

성운은 답답하다는 듯 소녀에게 되물었다.

"삼태성도 알고, 삼신할머니도 알아. 내 말은… 아까부

28

터 계속 얘기하는 플랫폼은 뭐고, 왜 너는 다른 사람들한
테는 안 보이는 거고, 또 왜 자꾸 나한테 아빠라고 하는 거
냐고."

　내내 성운의 눈을 지그시 바라보던 소녀가 이번에는 허
공을 응시하며 잠시 생각에 잠겼다. 이어지는 침묵에 성운
은 이것저것 추궁하고 싶은 것들이 연속해서 떠올랐지만
당장은 인내심을 가지고 소녀의 대답을 기다렸다.

　"방금 삼태성으로부터 대강 설명을 들었어. 아마 아빠는
아무것도 모를 거래. 아빠뿐만 아니라 부모별에 있는 모두
가 기억하지 못할 거라고…."

　"부모별은 도대체 뭐야?"

　"우리는 지구를 부모별이라고 불러. 엄밀히 말해서 지구
는 별이 아닌 행성이지만, 그래도 엄마 아빠가 있는 곳이
니까."

　"혹시 너 외계인이야?"

　마치 인종차별 발언이라도 되는 듯 조심스럽게 묻는 성
운의 질문에 소녀가 빵 터지며 대답했다.

　"푸핫, 아빠! 외계인이라니! 난 지구로부터 황새치 방향
으로 4,540만 광년 떨어진 곳에 있는 NGC-1947 은하에 있
는 원시성이야."

"원시성이 뭐야?"

"우주에서 새로 태어나는 임시 별을 원시성이라고 해. 아직은 별이 아닌 상태랄까. 모든 인간은 지구에서 태어나는 순간, 저 먼 우주에 자식별도 함께 태어나. 정확히 말해 부모 1이 태어나면 원시성이 탄생하고, 부모 2가 마저 태어나면 원시성이 핵융합을 통해 항성이 돼."

"부모 1, 2는 또 뭐야?"

"우린 보통 엄마 아빠를 부모 1, 부모 2라고 하는데, 부모 중 연상인 사람을 부모 1, 연하인 사람을 부모 2라고 해. 좀 더 쉽게 말하자면, 엄마가 연상이면 엄마가 태어날 때 원시성이 탄생하고, 아빠가 연상이면 아빠가 태어날 때 원시성이 탄생하는 거지."

"그리고 나머지 부모가 태어났을 때 핵융합을 한다고?"

"맞아, 핵융합을 하면 스스로 빛을 낼 수 있어. 그렇게 항성이 된 별은 우주에서 플랫폼이 열릴 때까지 기다리는 거야."

"플랫폼은 또 뭔데?"

"엄마와 아빠가 만나 사랑에 빠지고 결혼한 다음, 엄마 뱃속에 아이가 생기면 그때까지 우주에서 대기 중이던 항성이 플랫폼을 통해 지구로 오는 거야. 우주에서 별의 죽음은 사실 지구에서 인간의 탄생이거든."

성운은 소녀가 하는 말의 절반도 이해하지 못했다. 이게 다 무슨 소리인가 싶어서 나름대로 열심히 머리를 굴려보았으나, 역시 헛수고였다.

그동안 신창역 플랫폼에는 성운이 타고 왔던 종점 열차가 내내 출입문을 연 채 대기 중이었다. 객실 중간중간 청소하는 분이 보이기도 했다가 차츰 드문드문 승객이 탑승하더니, 이내 열차는 들어온 방향으로 다시 출발했다. 순간 성운은 7-3 승강장에서 탑승한 자신이 왜 4-2 승강장에서 내렸는지 이해할 수 있었다. 종점인 신창역은 선로가 하나뿐이어서 1호선은 왔던 길로 되돌아가야만 다시 운행할 수 있었다. 종점은 결국 출발선이었다.

"나는 아빠가 지구에서 태어난 순간, 그러니까 2011년 7월 3일 14시 15분에 저 먼 우주 끝에서 동시에 태어났어."

"내가 태어난 순간 저 먼 우주에 자식별이 함께 태어났다는 말이지?"

성운이 이번에는 자신이 제대로 이해한 게 맞느냐는 의기양양한 표정으로 소녀에게 물었다. 하지만 소녀는 고개를 좌우로 가로저으며 대답했다.

"아니. 나는 별이 아니야. 별이 되지 못했어. 모든 원시성이 별이 되는 것은 아니야."

"그게 무슨 말이야?"

"내가 있는 곳 NGC-1947 은하는 이곳 부모별 사람들이 '죽어가는 은하'라고 불러."

"죽어가는 은하?"

"죽어가는 은하는 지구에서 '태어나지 못하는 아이들'이 있는 곳이야. 그곳은 말 그대로 죽어가는 곳이거든."

"무슨 말인지 하나도 모르겠어."

성운은 여전히 소녀의 말이 어려웠다. 상대는 열심히 설명하는 것 같지만, 수업 시간에도 들어본 적 없는 온통 생소한 단어투성이다 보니 순간 자신이 멍청이가 된 기분이었다.

"방금 말했지만, 부모 1이 태어날 때 원시성이 탄생하고, 부모 2가 태어날 때 원시성이 핵융합을 해. 그래야 스스로 빛을 내는 항성이 될 수 있고, 항성만이 지구에서 인간으로 태어날 수 있어. 그런데 내가 있던 곳은 항성이 거의 없는 죽은 은하야."

"거긴 왜?"

"인간의 운명은 태어날 때부터 정해져 있어. 그런데 자녀를 낳기 전, 병으로 죽거나 사고로 죽을 운명일 경우, 우리는 태어나지 못하니까…. 태어나지 못하는 원시성은 애당초 핵융합조차 되지 않아. 그래서 스스로 빛을 내지 못한 채 소멸을 맞이해."

"뭐? 그럼 내가 죽는다는 소리야?"

성운은 갑자기 등골이 서늘해졌다. 방금 들은 설명을 머릿속에서 정리해 보면 자신이 죽을 운명이라서 이 소녀가 그 이상한 은하에서 태어났다는 뜻이 되기 때문이다.

"아니, 아빠는 죽지 않아."

"죽음인지 뭔지 은하에서 왔다며!"

"아빠가 태어났을 때 나는 원시성으로 태어났어. 그런데 문제는 엄마가 태어났을 때 핵융합을 하지 못했어."

"……?"

"엄마가 태어났을 때, 엄마의 운명은 이미 정해져 있었어. 엄마는 15세를 넘기지 못하거든."

"그게 무슨….."

"그게 바로 내가 이곳에 온 이유야. 아빠, 우린 같이 엄마를 구해야 해."

독서클럽의 시작

 성운은 한 달 전, 중3 1학기가 시작되자, 마지막 동아리를 결정하기 전 묘수를 썼다.

 성운의 아빠는 개학을 앞두고 난데없이 서울에서 천안 산업단지에 있는 회사로 이직을 해버렸다. 그로 인해 성운 역시 강제로 전학을 가야만 하는 상황이었다.

 하지만 전학을 갈 중학교가 남녀공학이라는 사실을 알게 된 성운은 애매한 시기에 어설프게 전학하느니, 중학교만이라도 서울에서 마치고 싶다는 그럴싸한 핑계로 전학을 거부했다.

 "딱 1년만요."

 때마침 현재 사는 집 전세 계약 기간도 1년가량 남아있었고, 부모님 역시 당장 천안에서 살 새로운 집을 알아보기에는 다소 빠듯한 상황이었다.

 결국 천안에서 혼자 살던 할머니 집에 엄마 아빠가 잠시 들어가고, 대신 할머니가 서울 집으로 올라와 성운을 돌보는 것으로 어른끼리 잠정 합의를 보게 되었다.

반쪽짜리 자취의 조건은 단 하나였다. 주말마다 천안으로 내려와 부모님과 함께 주말을 보낼 것.

황금 같은 주말 이틀을 전부 천안에서 보낼 순 없다고 생각한 성운은 금요일 하교하자마자 지하철을 타고 천안으로 내려갔다가 토요일에 서울로 돌아오는 방법을 제시했다.

물론 핑계는 당연히 공부였다. 하지만 그의 숨겨진 일요일 계획은 예습이나 복습이 아닌, 집에서 PC 게임을 하는 것이었다.

이 같은 상황에서 성운이 금요일 6교시 동아리 가입 결정을 앞두고 문득 떠올린 기가 막힌 생각은 '독서 동아리'를 만드는 것이었다. 성운이 만들고자 하는 동아리는 그냥 평범한 독서 동아리가 아니라 '지하철 독서 동아리'였다.

"지하철 독서 동아리? 이걸 지금 자율 동아리 신청서라고 가져온 거야?"

"네. 요즘 같은 휴대전화 중독 시대에 특히 의미가 있는 동아리라고 생각해요."

"이건 그냥 집에 일찍 가겠다는 소린데?"

"전혀 아닙니다! 사진이나 영상으로 인증도 하고, 매주 독후감도 제출할 예정인걸요."

성운이 이런 말 같지도 않은 소리를 정성스럽게 지껄이는 데는 다 이유가 있었다. 그가 지도교사로 포섭하려는 선생님은 바로 도림중학교에서 소문난 괴짜 도덕 선생님이었기 때문이다.

도덕 선생님은 학생들 사이에서 평소 엉뚱하기로 소문이 나 있었다. 숙제해 오지 않은 학생에게 숙제 대신 자신의 이름으로 삼행시를 짓게 하거나, 수업 시간에 꾸벅꾸벅 조는 학생들에게 온라인에서 유행하는 챌린지를 시키기도 했다. 심지어 선생님 스스로 직접 학생들 앞에서 시범을 보일 정도였다.

"내가 이걸 허락할 거라고 생각하니?"

"네. 중3 마지막 동아리 활동인데, 평범한 독서는 의미가 없다고 생각해요. 그저 독서실에 앉아서 책장만 넘기는 독서가 아닌, 새롭고 독특한 공간에서의 독서를 경험으로 독후감을 작성한다면, 그거야말로 자율 동아리가 추구하는 진정한 목적에 부합하지 않을까요?"

도덕 선생님은 여전히 미간을 찌푸린 채 성운이 내민 동아리 신청서를 뚫어져라 바라보았다.

사실 성운도 알고 있었다. 이게 얼마나 말이 안 되는 동아리 신청서인지. 하지만 밑져야 본전이라는 생각으로 일단 한 번 질러본 것이다.

선생님은 곧 검지로 책상을 툭, 툭, 툭, 툭, 네 번 끊어서 두드린 뒤, 숨을 한 번 크게 내쉬었다.

"하…. 근데 왜 하필 지하철이지?"

어차피 금요일마다 지하철로 천안까지 가야 해서 그런 거라고는 차마 대답할 수 없었던 성운은 다시 한번 동아리 신청서 내용을 그대로 읊었다.

"요새 지하철에서 다들 휴대전화만 들여다보고 있잖아요? 가장 책을 접하기 어려운 곳에서 그저 책을 읽는다는 단순한 행위 하나만으로 저뿐만 아니라 지하철에서 마주치는 수많은 사람에게도 특별한 경험을 제공할 수 있겠다고 생각했어요."

성운의 대답을 들은 선생님의 오른쪽 입술이 미묘하게 살짝 올라갔다.

"전부터 생각했지만, 태성운 넌 진짜 얌전한 것 같으면서도 언변 하나는 끝내준단 말이지. 그래서 학교 근처 지하철이면, 순환선을 타겠다는 거고? 2호선?"

순간 성운은 멈칫했다. 생각해 보니 학교 앞에는 2개의 지하철 호선이 지나가는데, 자신은 당연히 부모님이 거주하는 집 근처의 1호선만 생각했다. 하지만 선생님은 순환선인 2호선을 먼저 떠올린 것이다.

"아… 1호선이요."

"그러네, 1호선도 있었지? 동아리 인원은 몇 명이나 모였어?"

다행히 선생님은 왜 하필 1호선인지는 캐묻지 않았다. 잠깐 동안 머릿속에서 수많은 핑계와 변명을 준비하던 성운은 조금 전까지 보이던 당당함은 어디 가고, 어느새 말을 더듬고 있었다. 왠지 대화의 흐름이 동아리가 승인되는 방향으로 흘러가는 것 같았기 때문이다.

"아직… 승인이 나면 그때 모으려고…."

"그래? 그럼, 추가 인원은 따로 모집하지 마. 지하철 독서 동아리, 어디 한번 해 봐."

"예? 근데 자율 동아리 규정상 최소 5인 이상은 모집해야 하지 않아요?"

"집에 일찍 가고 싶은 애들이 작심하고 모여들면 동아리는 대박 나겠지. 안 그래?"

선생님은 어림도 없다는 단호한 표정으로 동아리 신청서를 손가락으로 탁, 탁, 튕겼다.

"그럼 저는 왜…?"

"너는 지하철에서 진짜로 책을 읽을 녀석이니까."

한 소리 들을 각오로 질러본 성운은 도덕 선생님이 그 자리에서 지하철 독서 동아리를 승낙하자 어안이 벙벙해졌다. 이런 동아리는 절대로 통과될 리 없다고 생각했기 때문이다. 막말로 이게 5교시 끝나고 집에 가겠다는 소리랑 뭐가 다르단 말인가.

하지만 선생님은 성운을 제대로 보았다. 성운은 동아리가 아니었어도 어차피 지하철에서 책을 읽을 예정이었다. 다만 부모님을 만나러 가는 지루한 이동 시간을 동아리 활동으로 아주 살짝 포개고 싶었을 뿐이었다.

금요일 5교시 수업을 마친 성운은 곧장 신도림역으로 향했다. 1호선 플랫폼에서 책을 들고 천안행 열차를 기다리던 그의 시야에 발밑의 플랫폼 번호가 눈에 들어왔다.

7-2 승강장.

7-2, 7-2…. 평소에는 승강장 번호 따위에 그다지 신경 쓰지 않았지만, 오늘따라 괜히 아쉬운 숫자였다. 성운은 이왕이면 자기 생일과 같은 7-3 승강장에서 타야겠다고 생각하고 한 칸 옆 출입문으로 자리를 옮겼다.

잠시 후 열차가 도착했고, 성운은 운 좋게 곧바로 빈 좌석을 발견했다. 그리고 본격적인 독서에 앞서 휴대전화로 책의 표지를 먼저 촬영했다.

다음에는 책을 펼쳐 목차를 찍을 차례였다. 성운은 건조한 손으로 미끄럽게 페이지를 넘겼다. 이내 종이의 질감이 지문을 통해서 고스란히 그에게 전달되었다. 종이는 빳빳하고 보드라우면서 동시에 매끈한 탄력이 있었다.

'지하철 독서 동아리'의 첫 번째 책은 점심시간에 미리 도서관에서 빌린 SF 소설이었다. 그는 덜컹거리는 기차의 흔들림과 적당한 소음 속에서 첫 독서를 시작했다.

책머리에 있는 작가 소개를 먼저 읽은 다음 목차로 넘어갔다. 그에게는 목차의 소제목을 보며 대략적인 줄거리를 예측해 보는 습관이 있었다. 물론 그의 예측은 단 한 번도 맞은 적이 없었다.

성운이 집중해서 책을 읽는 사이, 어느새 소음은 사라지고 더 이상 흔들림도 느껴지지 않았다. 문득 정신을 차려보니 어느새 열차는 수원역을 향해 가고 있었다.

'언제 서울을 벗어난 거지?'

지하철 독서는 예상외로 집중이 잘 됐다. 솔직히 산만할 줄 알았는데, 오히려 몇 정거장을 지나쳤는지도 모를 만큼

몰입했다.

성운의 독서는 어느새 책 삼분의 일 지점을 넘어가고 있었다. 한참을 집중해서 책을 읽던 그는 잠시 숨이나 고를 겸 고개를 들었다.

그때 차창 밖 풍경이 성운의 눈에 들어왔다. 열차 객실의 창문 밖으로 끝없는 논이 펼쳐져 있었다. 그는 잠시 독서를 잊고 시선을 창문 쪽으로 고정했다.

후! 후!

성운은 입바람에 흐트러진 앞머리를 정돈하며 천천히 시선을 옮기기 시작했다. 광활한 논 너머로 듬성듬성 비닐하우스와 축사 같은 것이 보였다. 저 멀리 옹기종기 인가가 모여 있는 풍경을 지날 땐 알록달록한 색의 지붕이 고스란히 그의 눈에 들어왔다.

어느 순간부터 열차 안이 고요하게 느껴졌다. 물론 열차는 여전히 쉬지 않고 열심히 달리고 있었고, 끊임없는 진동과 소음을 내고 있었다. 그런데도 어쩐지 이 모든 풍경이 그런 것들을 전부 삼켜버린 것만 같았다.

객실 안 빈 손잡이들만이 열차의 흔들림에 맞추어 허공에서 열심히 리듬을 타고 있었으나, 성운은 여전히 창밖 풍경에만 눈길을 주었다.

잠시 풍경을 만끽하던 성운은 이내 본분을 깨닫곤 다시 책을 들여다보았다. 아무리 감시하는 사람이 없다고 해도 이것은 엄연한 동아리 활동이다. 그는 남은 역을 확인한 뒤 다시 독서를 시작했다.

신도림역에서 열차가 출발하고 정확히 한 시간 반이 지난 후, 성운은 드디어 성환역에 도착했다. 성환역에서 내리는 사람은 자신을 포함하여 몇 명 되지 않았다. 명절마다 천안 할머니 집에 올 때는 늘 부모님 차로 이동했기 때문에 성운이 이곳 역사를 이용하는 것은 이번이 처음이었다.

성운은 휴대전화의 지도 애플리케이션을 확인하며 현재 부모님이 사는―원래는 할머니 집이었던―집을 찾아갔다. 부모님의 천안 집은 역 앞 사거리에서 우회전 후 5분 정도만 걸어가면 나오는 단독주택이었다.

도롯가에 있는 철제 대문을 열고 들어서자, 넓은 마당이 가장 먼저 눈에 들어왔다. 마당 한 편에는 자그마한 텃밭이 있었지만, 반대쪽에는 그보다 더 많은 잡초가 무성하게 자라 있었다.

마당을 가로질러 걸어가자, 붉은색 기와지붕을 얹은 1층짜리 단독주택이 그 모습을 드러냈다.

성운의 부모님은 지난달부터 이 집에 들어와 살고 있었다. 성운은 도어록 키패드에 0417을 눌렀다. 비밀번호 0417은 아빠의 생일이었다. 할머니가 이 집에 살 때도 같은 비번이었다. 부모님은 할머니 집의 비밀번호를 굳이 바꾸지 않았다. 비번을 누른 성운은 힘차게 현관문을 열며 집 안으로 들어갔다.

"엄마, 나 왔어!"

그러나 그의 예상과 달리 집에는 아무도 없었다. 김이 샌 성운은 거실 한가운데 있는 소파에 아무렇게나 가방을 던진 뒤 몸도 함께 소파에 포개었다.

천장을 바라보며 잠시 멍을 때리던 성운은 방금 던진 가방을 끌어당겨 지하철에서 읽던 책을 도로 꺼냈다. 생각해 보니 자기 방도 없는 이 집에선 마땅히 할 일이 없었다.

그는 엄마가 올 때까지 보던 책이나 마저 읽어야겠다고 생각했다.

삐, 삐삐.

한참을 집중해서 책을 읽던 성운에게 현관 도어록 소리가 들려왔다.

"엄마!"

성운의 엄마가 양손 가득 식재료를 들고 들어왔다. 그녀는 사실 일찌감치 장을 본 뒤, 아들이 도착하는 시간에 맞춰 저녁 준비를 하려던 참이었다.

예상보다 이른 시간에 집에 있는 성운을 발견하자 의아함과 반가움이 동시에 몰려왔다. 원래대로라면 성운은 지금쯤 1호선 열차에 있어야 하기 때문이다.

"아들! 언제 왔어? 학교 끝나고 바로 와도 5시 반일 텐데?"

"다 방법이 있지."

"설마 수업 땡땡이치고 온 건 아니지?"

엄마가 수상하다는 듯 성운을 추궁하자, 성운은 그게 무슨 말도 안 되는 소리냐며, 억울한 표정으로 엄마를 째려보았다.

성운은 '지하철 독서 동아리'에 대해 엄마에게 설명한 뒤, 그녀의 눈앞에 조금 전까지 읽고 있던 SF 소설을 흔들어 보였다.

"그런 말도 안 되는 동아리를 허락해 준 너희 선생님도 정말 특이하다."

"도덕 선생님이 좀 괴짜긴 해."

"아무튼 엄마는 지금부터 저녁 준비해야 하니까, 장 본 것 좀 주방으로 옮겨줄래?"

"넵!"

성운은 조금 전 엄마가 양손 가득 들고 온 식재료 꾸러미를 한꺼번에 들어 옮기려다 순간 억, 하고 얕은 비명을 질렀다.

자세히 들여다보니 봉투 안에는 각종 채소와 고기뿐만 아니라 생수와 우유, 사골 팩 등 무게가 제법 나가는 것들도 함께 들어있었다.

'엄마는 어떻게 이걸 전부 혼자 들고 온 거지?'

엄마는 성운이 낑낑대며 주방으로 옮겨놓은 식재료들을 찬장과 냉장고에 하나씩 정리해서 넣었다.

해가 질 무렵, 아빠의 퇴근 소리가 마당을 통해 들려왔다. 거실 소파에 드러눕다시피 해서 책을 읽고 있던 성운은 현관문을 열고 뛰쳐나갔다.

"아빠!"

"성운이 왔니?"

성운은 어린 시절부터 아빠를 굉장히 잘 따랐다. 성운의 아빠는 매사에 너그럽고 다정한 사람이었다. 웬만한 일로는 큰소리 한 번 내는 법이 없었으며, 심지어 말투도 자상했다.

성운은 어렸을 때부터 엄마에게 한없이 상냥한 아버지를 보고 자랐다. 그래서인지 중학교 1학년 사춘기가 왔을 때도 여느 친구들처럼 엄마에게 반항할 생각을 하지 못했다. 사실 그의 사춘기 반항이라고는 1년가량 그저 데면데면하게 부모와 거리를 둔 게 다였다.

다행히 성운의 부모 역시 그런 아들을 전혀 채근하지 않았다. 그저 자연스럽게 아빠가 먼저 다가가 농담을 건네거나, 아들의 관심사에 진지하게 흥미를 보여준 덕분에 성운은 완만하게 사춘기를 흘려보낼 수 있었다.

그렇게 다시 아빠와 아들이 친구 같은 사이로 돌아오는데 걸린 시간은 불과 사계절 남짓이었다.

편한 옷으로 갈아입은 아빠는 성운과 자신 사이에 한 사람은 더 앉을 수 있을 정도의 공간을 띄운 채 소파에 앉았다. 그는 자리에 앉자마자 아들의 손에 들린 책을 발견했고, 기특한 마음에 먼저 관심을 보였다.

"무슨 책이니? 재밌어?"

"이거 그냥 SF 소설인데, 나도 아직 다 읽지는 못했어."

"아빠 한 번 봐도 돼?"

"여기…."

아빠는 앞뒤로 책 표지를 한 번 훑어본 뒤, 곧장 목차를 펼쳤다. 순간 성운은 괜히 반가운 마음이 들었다.

'아빠도 목차부터 보는구나.'

별거 아닌 공통점 하나에 반가워진 아들은 일주일 만에 만난 아빠에게 하교 후 여기까지 오는 동안 있었던 일과 목격한 풍경에 대해 미주알고주알 떠들고 싶어졌다. 아빠는 몹시 흥미롭다는 표정으로 성운의 이야기를 차분히 들어주었다.

"그래서 아까 성환역에서 내리는데, 기분이 진짜 이상했어. 심지어 여기까지 오는 동안에도 지하철이 논을 가로질러 올 거라고는 상상도 못 했는데, 그런 풍경은 기차에서나 볼 수 있는 거 아냐?"

생활 반경이 신도림역 주변에서 크게 벗어나지 않았던 성운으로서는 1호선의 차창 밖 풍경이 생경할 수밖에 없었다.

"성운이 네가 오늘 내렸던 성환역은 사실 지어진 지 백 년도 넘은 역이야."

"응?"

"백 년 전에는 일반 기차역이었는데, 아마 2000년대부터 수도권 지하철 운영을 시작했을걸? 그러니까 오늘 우리 아들이 본 풍경이 원래는 기차 풍경이 맞는 거지."

"와우, 백 년도 넘은 역이라니…. 그럼, 성환역은 이 동네에서 할머니가 태어났을 때도, 아빠가 태어났을 때도 있었다는 거네? 완전 대박!"

성운의 질문에 아빠는 무언가 깨달은 듯 자연스럽게 화제를 옮겼다.

"아빠 어렸을 때 사진 한번 볼래? 할머니 집 어딘가에 앨범이 있을 텐데…."

성운의 아빠는 여전히 이곳을 할머니 집이라고 불렀다. 아빠가 콧노래를 흥얼거리며 자리에서 일어나 창고 방 쪽으로 발걸음을 옮기자, 성운도 냉큼 아빠를 따라갔다. 아빠는 오랜만에 자신의 어린 시절 앨범을 볼 생각에 내심 마음이 설레었다. 또한 그것을 중학생 아들에게 보여준다고 생각하니 더욱 가슴이 두근거렸다.

창고에는 세월의 흔적이 느껴지는 여러 가지 물건들이 쌓여있었다. 용도를 알 수 없는 수많은 잡동사니를 보자 성운은 학교에서 외부 체험학습으로 가보았던 박물관이 떠올랐다.

이곳에는 대나무로 엮어 만든 소쿠리나 반짝반짝한 자개 화장대 등 교과서에서나 볼 법한 물건들이 한가득 숨겨져 있었다.

아빠는 창고 가장 안쪽에서 먼지가 뽀얗게 쌓인 큰 상자 하나를 꺼냈다.

"아마 이 상자 같은데…."

아빠가 상자 위 먼지들을 털어내자, 형광등 빛이 먼지의 흩날림을 고스란히 보여주었다. 그것은 마치 우주의 은하수 같기도 했다. 성운은 재채기가 날 것 같은 기분을 참으며 아빠를 지켜보았다.

"오, 찾았다!"

아빠가 상자 안 앨범 하나를 꺼내며 미소 지었다. 성운은 괜히 아빠를 따라서 함께 마음이 설레었다.

그때 주방에서 엄마의 목소리가 들려왔다.

"다들 나와서 저녁 먹어!"

"금방 나갈게. 성운아, 저녁 먹고 아빠랑 같이 이거 보자."

성운은 앨범을 챙겨 창고 방을 벗어나는 아빠의 등을 따라 주방으로 향했다. 어느새 집 안은 맛있는 저녁 냄새가 가득했다.

저녁 식사 후, 아빠가 설거지하는 동안 성운은 엄마와 함께 거실에 앉아 TV를 시청했다. 예능프로가 끝나고 엄마가 보는 일일드라마가 시작할 때쯤, 설거지를 마친 아빠가 앨범을 들고 성운에게 다가왔다.

"이건 아빠 어렸을 때 앨범인데, 여기 엄마 사진도 있다?"

"엄마 사진이 어떻게 있어? 엄마는 서울 사람이잖아."

"딱 한 장 있어. 찾아볼래?"

성운은 보물찾기하는 마음으로 아빠의 앨범을 펼쳤다. 앨범 속에는 아빠의 성장이 고스란히 담겨 있었다. 설레는 마음으로 한 장 한 장 페이지를 넘겼지만, 앨범 속 그 어디에도 엄마의 사진은 보이지 않았다.

"없는데….'

"하하하! 아까 지나쳤어."

아빠가 호탕하게 웃으며 앨범 페이지를 다시 앞으로 넘겼다. 아빠가 펼친 페이지에는 바다를 배경으로 세 명의 남자와 한 명의 여자가 서 있었다.

성운은 사진을 보자마자 맨 왼쪽에 있는 남자가 아빠라는 걸 단박에 알아챘다. 그런데 활짝 웃고 있는 나머지 세 사람과 달리 아빠는 무표정하게 그냥 멀뚱히 서 있었다.

"여기 맨 왼쪽이 아빠고, 이 사람이 엄마야."

"헐, 대박. 진짜 이 사람이 엄마라고? 엄마가 이렇게 젊었다고?"

"푸하하! 샛별 씨, 성운이가 당신 사진 보고 엄마가 이렇게 젊었냐는데?"

"뭐? 아들, 그러면 엄마가 날 때부터 아줌마였겠니!"

"아니… 근데… 그게 아니라 사진 속 엄마는 예쁘잖아."

"으하하! 엄마가 젊어서 예쁘긴 했지."

아빠가 배를 잡고 웃기 시작했다. 이를 본 엄마는 괘씸하다는 얼굴로 두 부자를 번갈아 흘겨보았다.

성운은 그런 부모님 사이에서 어쩔 줄 몰라 그저 연신 고개만 갸웃거렸다. 무엇보다 사진 속 여성이 엄마라는 걸 여전히 믿을 수 없었다.

"어휴, 뭐가 예쁘다고 저 두 인간을 내가 저녁을 해서 먹였는지 몰라."

엄마가 다시 TV로 시선을 홱 돌려버렸다. 아빠와 성운은 본격적으로 앨범을 넘기며 이야기꽃을 피웠다.

앨범 속 빛바랜 사진들 속에는 젊어 보이는 할머니와 할아버지도 함께 있었다. 아빠는 자신의 어린 시절부터 대학생 시절까지의 사진이 전부 들어있는 앨범을 한 장씩 넘기며 오랜만에 추억에 잠겼다.

그리고 엄마와 함께 바닷가에서 사진을 찍게 된 배경을 들려주었다. 성운은 사진과 함께 듣는, 자신이 태어나기도 전 부모님의 이야기가 너무나 흥미로웠다.

성운은 할머니 집이었을 때의 손님 방에서 잠을 청했다.

이불 속에서 휴대전화로 친구 지석에게 오늘 찍은 사진 몇 장을 공유했고, 시답잖은 수다를 떨다 어느새 잠이 들었다. 온종일 얼마나 피곤했는지 밤새 꿈조차 꾸지 않았다.

다음 날, 부모님은 점심 무렵이 되어서야 일어난 성운을 데리고 근처 식당으로 향했다. 그곳은 단독 건물에 넓은 주차장을 끼고 있는 식당이었다.

안쪽 테이블로 안내받은 부모님은 이곳이 지역 맛집으로 소문난 곳이라며, 성운의 의사와는 상관없이 들기름 막국수로 메뉴를 통일했다.

난생처음 먹어본 들기름 막국수는 정말 기대 이상이었다. 성운은 처음 메뉴 이름을 들었을 땐, '웩! 웬 기름?'이라는 생각에 거북했는데, 한입 맛보자마자 자기 생각이 틀렸음을 인정하지 않을 수 없었다.

그는 부모님이 막국수를 절반가량 먹었을 때 혼자 들기름 국물까지 싹싹 비웠다.

"다음 주에 또 올게!"

"조심히 올라가. 수업 열심히 듣고!"

아빠의 배웅을 받으며 성환역에 도착한 성운은 그대로 곧장 역사로 들어가려다 잠시 멈춰 서서 아빠를 향해 머쓱하게 손을 흔들었다. 그리고 아빠를 등지고 계단을 올라 대합실로 향했다.

성운이 대합실을 지나 개찰구를 통과하려던 찰나, 역사 내부가 새삼스럽게 그의 시선에 들어왔다. 전날 아빠에게 성환역에 대해 들어서 그런지, 괜히 이곳이 특별하게 느껴졌다.

'이곳이 무려 백 년이나 된 곳이라니…. 물론 건물은 새로 지었겠지만.'

서울 방향 플랫폼에서 열차를 기다리던 성운은 이번에도 7-3 승강장 앞에 줄을 섰다. 올라갈 때는 자리를 잡기가 어려울 것이라는 그의 예상과 달리 도착한 열차에는 빈자리가 많이 있었다.

성운은 맨 끝 좌석에 앉아 다리 사이에 가방을 내려놓은 뒤, 책을 꺼냈다. 그리고 내려올 때와 달리 올라가는 열차에서는 책에서 한 번도 시선을 떼지 않았다.

그렇게 책 한 권을 다 읽었을 무렵, 차창 밖에 인접해서 걸려 있는 간판을 하나 발견했다.

'이끌림 샷시'

객실 창문의 높이와 지붕의 높이가 같았던 바로 옆 건물 지붕에 간판 하나가 덩그러니 걸려 있었는데, 간판은 성운이 앉은 자리 정면에서 정면으로 보였다.

'풉, 서울 지하철에서는 상상도 할 수 없는 풍경이네. 이 내용도 동아리 활동 일지에 함께 써야지.'

지하 또는 지상으로도 건물과 동떨어져서 달리는 2호선과 달리 1호선은 인접한 바깥 풍경을 보는 재미가 쏠쏠했다. 건물 바로 옆을 지나기도 하고, 논 한가운데를 달리기도 하는 1호선의 풍경을 즐기던 성운의 머릿속에 불현듯 깜찍한 아이디어 하나가 떠올랐다.

'이런 풍경들을 다른 사람들과 함께 공유할 순 없을까?'

집으로 돌아온 성운은 할머니와 함께 저녁을 먹은 뒤, 자기 방으로 들어가 첫 번째 책의 독후감을 쓴 다음, 이어서 동아리 활동 계획서를 작성했다.

도덕 선생님이 '지하철 독서 동아리'를 동아리로 승인해 주는 조건은 딱 하나였다. 매주 독후감과 동아리 활동 일지를 별도로 작성할 것.

성운이 처음 작성하려던 활동 일지는 오롯이 홀로 하는 지하철 독서에 관한 것이었다.

그는 사람들과 어울리는 것을 질색하는 성격이다. 하지만 문득 이 독특한 공간에서 불특정 다수와 책으로 연결되면서도 또한 한편으로는 이어지지 않는 기묘한 관계에 대해 실험해 보고 싶어졌다.

모니터 화면에 메모장을 띄운 뒤 휴대전화로 지하철 애플리케이션을 열었다. 그리고 몇 가지를 검색한 뒤 다음과 같이 작성했다.

지하철 1호선 독서클럽

매주 금요일 오후, 신도림역 발 3시 4분 신창행 완행열차 7번 칸에서 독서클럽을 개최합니다. 본 SNS 게시 글을 본 누구나 자유롭게 참석할 수 있으나, 우리는 서로 아는 체를 하거나 인사를 나누지 않습니다. 나이, 성별, 직업 유무 상관없이 아무 책이나 읽으시면 됩니다.

신도림역 3(시):4(분) | 구로역 3:7 | 가산디지털단지역 3:12 | 독산역 3:14 | 금천구청역 3:17 | 석수역 3:20 | 관악역 3:22 | 안양역 3:25 | 명학역 3:28 | 금정역 3:31 | 군포역 3:34 | 당정역 3:36 | 의왕역 3:39 | 성균관대역 3:42 | 화서역 3:45 | 수원역 3:48 | 세류역 3:52 | 병점역 3:57 | 세마역 4:00 | 오산대역 4:3 | 오산역 4:7 | 진위역 4:10 | 송탄역 4:14 | 서정리

역 4:17 | 평택지제역 4:21 | 평택역 4:26 | 성환역 4:33 | 직

산역 4:37 | 두정역 4:42 | 천안역 4:47 | …

※ 반드시 신도림역 발 신창행 열차 7-1, 7-2, 7-3, 7-4 승강

장에서 탑승하세요.

신도림역과 지석역

　월요일 점심시간이 되자, 학생들은 우르르 급식실로 몰려갔다. 일부 학생들은 다이어트 중이라며 급식을 거르기도 했지만, 그래도 점심시간은 대부분이 가장 기다리는 시간이었다. 급식을 먹든, 안 먹든 식사 후 운동장이나 교실 뒤에서 친구끼리 어울리는 시간이 쉬는 시간에 비해 배 이상 길었기 때문이다. 물론 성운은 그동안 단 한 번도 급식을 거른 적이 없었다.

　급식실에서 돌아온 성운은 가방에서 동아리 활동 일지를 꺼내어 곧장 교무실로 향했다. 마침, 도덕 선생님은 자리에 앉아 종이컵에 커피믹스를 타고 있었다.

　교무실 안으로 성운이 들어오는 것을 발견한 선생님은 들고 있던 종이컵을 내려놓으며 그를 반겼다.

　"자율 동아리 활동 일지 제출하러 왔니?"

　"네. 여기요."

"어디 보자."

선생님은 먼저 성운의 독후감을 훑어본 뒤, 활동 일지를 펼쳐보았다.

성운의 첫 번째 동아리 활동 일지는 1호선 지하철의 창밖 풍경에 대한 묘사가 주를 이루었다.

성운과 달리 이미 다양한 수도권 지하철을 많이 접해본 선생님으로서는 성운의 묘사가 공감되면서도 나름 흥미로 웠다. 그리고 중학생의 눈에 비친 1호선의 풍경에서 아주 잠시 옅은 향수를 느꼈다.

"객실 창밖 너머의 '이끌림 샷시'라고? 픕!"

감상적이면서도 재치 있는 후기를 읽어 내리던 선생님 은 활동 일지에 종이가 하나 더 붙어있는 것을 뒤늦게 발 견했다. 그것은 성운이 지난 주말에 지하철 애플리케이션 을 이용해서 열심히 작성한 1호선 독서클럽 계획서였다.

"이건 뭐지?"

"이번 주부터는 새로운 시도를 한 번 해볼까 싶어서요."

1호선 독서클럽 안내문을 쭉 훑어보던 선생님의 입가에 미소가 걸렸다. 선생님은 성운의 등을 강하게 토닥이며 기 특함을 표현했다.

그는 평소에도 기가 막힌 삼행시를 지어내거나 과제를

독특하게 해오는 학생을 유달리 예뻐했다. 그러니 시키지도 않았는데 이 같은 아이디어를 먼저 제안해 오는 제자가 얼마나 대견했겠는가.

"동아리 활동 1회 차에 지하철에서 책만 읽은 게 아니라, 이런 생각을 다 했단 말이지?"

"벌써 SNS 계정도 하나 만들었어요. 보시는 종이 아래에 주소도 적혀 있어요."

"하하하! 와, 지난주 동아리 승인해 줄 때 이 정도까지 기대한 건 아니었거든? 그런데 완전 기대 이상이다!"

"가, 감사합니다…."

성운은 전혀 예상치 못한 선생님의 극찬이 상당히 어색했지만, 일단 이것으로 자율 동아리를 승인해 준 그의 마음에 들었다는 게 안심이 되었다.

"그나저나 도대체 어떤 경위로 이런 생각을 하게 된 거야?"

"휴대전화가 아닌 독서를 하는 것만으로도 열차 안의 모든 풍경이 새로워 보였어요. 책을 읽다 잠시 고개를 들어 우연히 발견한 소소한 풍경들을 누군가와 함께 공유하고 싶어졌고, 단순히 그 장면을 촬영하는 것만으로는 제가 느낀 그 순간의 분위기를 온전히 다른 사람과 공유할 수 없다는 걸 깨달았어요."

"그런 생각을 했단 말이지!"

선생님은 여전히 성운이 기특해 죽겠다는 표정이었다. 선생님의 한없는 미소에 힘입은 성운은 자신 있게 의견을 덧붙였다.

"게다가 지하철에서 여러 사람이 책 읽는 광경은 요새 흔히 볼 수 있는 장면이 아니니까요. 그런 장면 또한 열차의 새로운 풍경이 될 수 있을 거라는 생각을 했습니다."

스스로 생각해도 끝내주는 열변이었다.

그런데 갑자기 뭔가 떠오른 듯한 선생님은 성운의 말이 채 끝나기도 전에 그에게 질문을 던졌다.

"그러고 보니 너 1호선으로 도대체 어디까지 갔다 온 거지? 갔다가 집으로 돌아오긴 했을 거 아니야."

예상치 못했던 질문에 성운은 당황스러움을 감출 수 없었다. 재빨리 적당한 아무 역이나 둘러대야 할지, 사실대로 말해야 할지 고민했다.

수원역 정도로 둘러대려던 성운은 순간 자신이 본 창밖 풍경과 1호선 노선 사이의 알리바이가 성립되지 않는다는 것을 깨달았다.

논과 축사가 어우러진 풍경은 적어도 수원역은 지나서

부터였던 것 같은데, 그렇다고 천안역이라고 대답하기엔…. 천안역은 성운이 태어나서 한 번도 가본 적이 없는 곳이었다.

성운은 결국 선생님에게 전후 사정을 솔직하게 털어놓았다.

"뭐? 부모님은 성환역으로 이사를 하셨는데, 너만 여기에 혼자 남게 됐다고?"

"혼자는 아니고, 할머니랑 같이요. 성환역에 살고 계셨던 할머니가 서울로 올라오셨어요. 담임 선생님은 알고 계시고요."

성운이 기어들어가는 목소리로 대답하자, 도덕 선생님은 마치 사기라도 당한 사람처럼 허탈한 표정을 지었다. 그의 얼굴에서 제자를 향한 조금 전의 대견함은 이미 사라진 지 오래였다.

"그러니까 자율 동아리가 아니었어도 금요일마다 부모님을 뵈러 어차피 지하철을 타야 했던 거네?"

"그건 맞는데, 꼭 동아리 활동 때문이 아니라…."

"됐다! 됐고, 어차피 이왕 시작한 거, 그 독서클럽인지 뭔지나 잘 해봐!"

"아, 네… 넵!"

성운은 도덕 선생님의 마음이 바뀌기 전에 얼른 교무실에서 탈출했다.

교실로 돌아온 성운에게 지석이 다가왔다. 지석은 중1 때 같은 반이었다가 중2 때는 서로 다른 반이 되었다. 하지만 중3 때 다시 만나면서 현재는 성운의 절친이었다.

"태성운! 점심시간 내내 어디 갔다 왔어?"

"교무실."

"교무실은 왜?"

"동아리 활동 일지 제출하느라…."

"아, 너 뭐 그 이상한 지하철인지 뭔지 동아리? 그보다 일단 이쪽으로 와 봐. 저기 운동장에 재미있는 구경거리가 있어."

지석이 운동장에서 축구하고 있는 2학년들을 가리키며 말했다. 몹시 흥분한 것치곤 별 시답잖은 내용이었는데, 2학년 저 친구는 미드필더로서 어떻다느니, 골키퍼를 맡은 애가 원래는 수비수였다느니, 별로 궁금하지 않은 내용들을 줄줄이 읊어댔다.

성운은 혼자 열심히 떠드는 지석을 보며 문득 중학교 1학년 때 지하철을 타고 둘이서 영등포로 놀러 갔던 날이 떠올랐다.

　중학교 1학년 1학기 기말고사가 끝나고, 여름방학을 앞
둔 어느 무더운 여름날이었다.

　부모님에게 용돈을 받은 지석이 영등포 ○○스퀘어에
함께 옷을 사러 가자며 성운을 불러내었고, 성운 역시 부모
님을 졸라 용돈을 두둑이 받은 상태였다.

　신도림역 4번 출구에서 만난 두 사람은 앞뒤로 나란히
서서 에스컬레이터를 타고 2층 대합실로 향했다. 개찰구를
지나 1번 플랫폼으로 내려간 성운과 지석은 열차를 기다
리는 동안 안내판에 붙어있는 지하철 노선도를 함께 구경
했다.

　"야, 태성운. 너 그거 알아? 난 내 이름으로 된 지하철역
도 있다?"

　"그게 무슨 소리야?"

　"여기 봐. 에버라인에 '지석역' 보이지?"

　지석의 손가락 끝이 가리키는 곳에 정말로 지석역이 있
었다. 성운은 지석역의 존재를 그날 처음 알게 되었고, 순
간 너무 신기했으나 지석의 의기양양한 표정이 얄미워 그
러한 감정을 겉으로 내색하진 않았다.

"뭐냐. 너무 억진데? 그렇게 치면 오리역은 무슨 동물원이냐?"

"부럽냐? 짜식, 나는 수도권에 내 이름으로 된 지하철역이 있는 사람이야. 에헴!"

성운은 지석이 한심하다는 듯 고개를 절레절레 저었지만, 속으로는 내심 부러움을 느꼈다. 그래서 지석 몰래 '성운역'은 없는지 노선표를 한참 동안 훑어보았다.

곧 플랫폼 안으로 열차가 들어왔고, 두 사람은 부랴부랴 열차에 탑승했다.

이후로 성운은 지하철 노선도를 볼 때마다 종종 지석역부터 찾았다. 자기 이름과 같은 역명이 있다는 게, 어찌 보면 별거 아닌데도 가끔은 정말 그 역이 친구의 소유물같이 느껴졌다.

원시성의 탄생

성휘는 고3 수능을 치른 후 겨울방학을 맞이하여 세 명의 친구와 함께 대천해수욕장 졸업여행을 계획했다. 천안에서 대천역까지는 무궁화호로 한 시간 반 거리였는데, 그가 19세였던 당시에는 보호자 동반 없이 친구끼리 떠나는 가장 먼 여행지였다.

"난 심은하가 좋더라!"

"에이, 지금은 전도연이 대세지!"

"진정한 여신은 보랏빛 강수지 아니겠냐! 성휘 너는 이상형이 누군데?"

"나? 난 딱히 연예인 관심 없는데?"

"우우~ 그럼, 주변에는 있고?"

"미친놈, 우리 남고야."

"킥킥, 주변에 여고랑 여상이 몇 갠데, 누가 우리 학교래?"

경태가 팔꿈치로 성휘를 툭툭 치며 키득거렸다. 성휘

는 대답 대신 어깨를 한 번 으쓱인 뒤 창밖으로 시선을 돌렸다.

창밖에는 한참 전 수확을 마친, 헐벗은 논이 앙상하게 그 모습을 드러내고 있었다. 끝이 보이지 않은 빈 논자락 사이사이 듬성듬성 자리 잡은 커다란 축사도 보였다.

세 친구가 옆에서 왁자지껄하게 떠드는 동안에도 성휘는 여전히 창문에 시선을 고정하고 있었다. 그는 문득 설레는 여행길의 차창 밖 풍경이 자신이 살던 동네와 그다지 다르지 않다는 것을 깨달았다.

그리고 언제쯤 바다가 모습을 드러내나, 오로지 그 생각뿐이었다.

정동진 바다열차 같은 풍경을 기대했던 성휘에게 바다는 끝까지 그 모습을 드러내지 않았다.

한 시간 반을 달려 도착한 대천역은 바다 냄새조차 느껴지지 않았고, 막연히 역 앞에 멋진 푸른 바다가 펼쳐져 있을 거로 생각했던 네 사람은 도착과 동시에 허탈감에 빠져버렸다.

"기다려봐, 내가 한번 알아보고 올게."

이번에도 역시 민우가 먼저 앞장섰다. 민우는 역사 직원을 통해 역 앞에서 다시 버스나 택시를 이용해야 한다는 사실을 알아냈다.

대천역에서 대천해수욕장까지는 택시로 불과 10분 정도의 거리였으나 비용이 만만치 않았고, 버스는 저렴하지만, 택시에 비하면 시간이 세 배 이상 걸렸다. 택시와 버스를 두고 한참을 망설이던 친구들에게 성휘가 말했다.

"그런데 우리 네 사람 버스요금이면 그냥 택시 타는 게 낫지 않을까?"

"넷이 한꺼번에 탈 수 있나?"

"한 명이 조수석에 타고, 셋이 뒷좌석에 끼어서 앉으면 되지."

"그럼, 일단 타보자!"

민우가 먼저 대천역 앞에 주차된 택시의 조수석에 앉았다. 이윽고 성휘와 경태, 그리고 진영이 뒷좌석에 앉았다.

백미러를 통해 이를 가만히 지켜보던 기사는 그들에게 한마디 하려던 것을 멈추고, 이내 코웃음을 치며 물었다.

"아니, 그… 나 원, 참!"

"……."

"학생들, 대천해수욕장으로 가면 되겠어요?"

"네!"

네 사람은 일제히 우렁차게 대답했다.

해수욕장에 도착한 그들은 겨울 바다를 보자마자 일단 냅다 바다로 달려들었다. 그러다 문득 자신들에게 여벌 옷이 없다는 것을 깨닫곤 달리던 것을 멈추었다.

이 계절에 온종일 젖은 옷을 입고 지내는 건 상당히 위험한 일이었다. 다행히 그들은 이런 현실을 망각할 정도로 이성의 끈을 놓은 것은 아니었다. 하지만 미친 듯이 해변을 뛰어다니며 바다를 향해 고래고래 소리를 지르는 일은 멈추지 않았다.

을씨년스러운 겨울 바다를 만끽한 것도 잠시, 민우와 경태는 근처 민박을 구하기 위해 자리를 비웠다.

성휘와 함께 해변 슈퍼마켓 평상에 앉아 친구들을 기다리던 진영이 갑자기 자신의 동갑 사촌 동생을 이곳으로 불러도 될지, 성휘에게 물었다.

성휘가 별생각 없이 마음대로 하라고 하자, 진영은 슈퍼마켓 주인에게 양해를 구한 후 전화를 빌렸다.

잠시 후, 민우와 경태가 돌아왔다.

"방 2개짜리 빌렸어."

"이 근처는 너무 비싸서, 저기 해변 끝에 있는 집까지 다녀왔어. 그래도 민우가 만 원 깎았다!"

경태가 친구들에게 엄지를 내밀며 민우를 추켜세웠다.

민우는 뭐 이 정도쯤이야, 라는 표정으로 한쪽 눈썹을 슬쩍 치켜올렸다.

"그럼, 우리 일단 밥부터 먹을까?"

"맞다! 나 사촌 동생 오라고 불렀는데, 숙소 주소 좀 불러줘. 여기 전화로 삐삐 메시지 남기고 가게."

"웬 사촌?"

상황을 잘 몰랐던 경태가 되묻자, 성휘가 대신 대답했다.

"생일만 좀 늦은 사촌 동생이라던데? 우리랑 동갑이래. 이왕 여행 온 거 여럿이 놀면 더 좋잖아. 너희가 숙소 구하는 동안 진영이가 나한테 물어서, 그러라고 했어."

"사촌 동생이 어디서 출발하는데?"

"서울 금천? 수원역에서 기차 타고 바로 내려온대."

"뭐, 그러던가. 일단 밥이나 먹으러 가자!"

민우와 경태는 자기들이 자리를 비운 사이에 발생한 뜻밖의 상황에 대해 별로 대수롭지 않다는 반응이었다. 오히려 늦은 점심을 어디서 먹을지가 더욱 중요해 보였다.

잠시 후, 그들은 호객에 못 이겨 가까운 횟집에 끌려 들어가다시피 했고, 홀 직원으로부터 받은 메뉴판을 보자마자 이내 표정이 굳어버렸다. 그리고 입을 맞춘 듯 칼국수로 메뉴를 통일했다.

"그나저나 진영이 네 사촌 동생은 언제쯤 도착해?"

"한참 걸릴걸? 서울에서 지하철로 수원역까지 가서, 거기서 무궁화호 갈아타고… 또 대천역에서 버스까지 타고 오려면….'

"그럼, 기다리지 말고 우리끼리 먼저 마시자!"

그들은 민박 안마당에 있는 평상 위에 서로 마주 보며 둘러앉았다.

"해변이었으면 헌팅이라도 시도해봤을 텐데, 아깝다!"

"헌팅은 무슨, 아까 대충 둘러봐도 대천해수욕장에 사람이라곤 우리밖에 없더만!"

헌팅에 대한 미련을 버리지 못한 경태가 민우와 아웅다웅 투닥거리기 시작했다. 진영은 그런 두 사람을 매우 한심하다는 듯 쳐다보았고, 그들 옆에서 가만히 얘기를 듣고만 있던 성휘가 혼잣말처럼 말을 얹었다.

"에이, 우리끼리 재밌게 놀면 되지 뭐."

"성휘, 이 자식 봐라. 너는 진짜로 우리끼리 노는 게 재밌어?"

경태가 그럴 리 없다는 표정으로 되물었다. 하지만 성휘는 진심을 담아 친구들에게 대답했다. 실제로 그는 친구들과 함께하는 이 순간이 즐거웠다.

"야, 이거 우리 졸업 여행이잖아. 당연하지!"

"성휘가 이러는 게 하루 이틀이냐! 됐고, 일단 마시자!"

민우가 상황을 정리하며 선봉으로 캔맥주를 들이켰다. 나머지 셋은 민우의 거침없는 원샷에 자극받아 자신들도 어른이 된 기분을 만끽하며 맥주를 홀짝였다.

진영은 장 볼 때의 호기와 달리 맥주 한 캔에 금세 얼굴이 빨개졌고, 경태는 자신도 모르게 혀가 꼬이고 있었다. 민우 역시 어느새 목소리가 점점 커지기 시작했다.

그들 중 유일하게 성휘만이 제법 온전한 정신을 유지하고 있었는데, 이는 술이 센 것이 아니라 그가 애당초 맥주를 두어 모금밖에 마시지 않았기 때문이었다. 한 모금에 '응? 뭐지?' 싶었던 성휘는 두 번째 모금 만에 자신이 술과 맞지 않는다는 것을 깨달은 후 더 이상 마시지 않았다.

"계세요?"

시간이 한참 흘러 해가 완전히 떨어졌을 무렵, 성휘네밖에 없는 민박 안으로 갑자기 한 여성이 들어왔다.

성휘는 친구들이 떠드는 소리 때문에 민박집 사장님 가족이 한마디하러 왔거나 동네 주민이 항의하러 온 거라고 생각했다.

"죄송합니다. 조용히 하겠⋯."

"진영아!"

의문의 여성은 대뜸 진영의 이름을 불렀다.

"어! 샛별아, 왔어? 잘 찾아왔네? 다들 인사해. 내 사촌 동생 샛별이야. 우리랑 동갑이고⋯."

"여자였어?"

진영을 제외한 나머지 셋이 동시에 외쳤다.

"어? 내 사촌 동생 불렀다고 했잖아. 근데 동생은 동생인데 우리랑 동갑인⋯ 우헤헤."

시뻘게진 얼굴의 진영이 이제는 혀까지 꼬이기 시작했다.

"아니, 그러니까 여자⋯ 아⋯ 일단 들어오세요!"

성휘는 대문 밖에서 어리둥절해하는 샛별을 일단 마당 안으로 안내했다.

"진영아, 오랜만이다! 고모는 잘 계시지?"

"우리 최 여사님? 글쎄, 내 수능 성적 때문에 안 잘 계시는 것 같은데⋯ 크크큭."

진영과 샛별이 안부를 나누는 동안, 성휘와 민우, 경태는 벙찐 얼굴로 그들을 바라보았다. 다들 너무 당연하게 사촌 남동생일 거로 받아들였지만, 생각해 보면 진영은 대화 중한 번도 남동생이라는 표현을 쓰지 않았다. 물론 여동생이라고도 하지 않았지만, 세 사람은 한 치의 의심도 없이 상대를 남자라고 생각했다.

그래서 그들은 눈앞에 펼쳐진 지금, 이 상황을 아주 잠시 혼란스러워했다. 하지만 이미 서울에서 대천까지 온 사람을 이 밤에 다시 돌려보낼 수도 없었기에 결국 샛별을 술자리에 끼워주었다.

"샛별이는 그럼 대학 안 가고 바로 취직한 거야?"

"응. 난 집 근처 여상 나와서 고3 2학기 때 이미 취직이 결정됐어."

"와! 나 서울 사람 처음 봤어. 서울 말씨는 진짜 확실히 다르네."

"너희 뭐 하냐? 야, 쟤가 무슨 하늘에서 뚝 떨어진 사람도 아니고 우리랑 같은 고3에, 사는 곳만 서울일 뿐이거든?"

진영은 자기 사촌 동생을 대하는 친구들의 태도가 견딜 수 없을 만큼 낯간지러웠다. 그 와중에 성휘만이 유일하게 샛별에게 들이대지 않는 것을 보고 참으로 성휘답다고 생각했다. 하지만 사실은 전혀 그렇지 않았다.

성휘는 처음 대문 밖에서 그녀를 발견한 순간부터 알 수 없는 감정이 마음속에서 요동치고 있었다.

이렇게 예쁜 사람을 태어나서 처음 본 성휘는 '서울 사람은 다 이렇게 예쁜가? 아니면 샛별이 유독 예쁜 건가?'라는 질문을 속으로 끊임없이 되뇌었다.

그는 샛별에게 한마디 말도 하지 못한 채 친구들 사이에 어색하게 앉아 있었다. 하지만 겉으로는 전혀 내색하지 않았기에 샛별은 성휘를 그저 과묵한 친구라고만 생각했다.

"샛별아, 마셔!"

"하하하! 같이 마시자."

"야, 최샛별! 너 외삼촌한테 이른다!"

친구들이 고주망태가 되어 가는 동안에도 성휘는 끝까지 정신을 붙들고 있었다. 그는 혼자만 온전히 정신을 붙잡은 채 슬쩍슬쩍 무리 속 샛별을 지켜보았다. 평소 같았으면 이런 성휘의 태도가 매우 수상하게 보였겠지만, 지금은 모두 취해있어서 아무도 성휘의 집요한 시선을 눈치채지 못했다.

그날 밤 작은 방에서는 샛별이 혼자서 자고, 네 사람은 나머지 방에서 함께 잠들었다. 술에 취한 친구들을 한 방에 밀어 넣은 건 다름 아닌 성휘였다.

다음 날 아침, 성휘는 가장 먼저 일어나 마당에서 말끔하게 세수한 뒤 평상에 앉았다. 그리고 샛별의 방을 힐끔거리며 그녀가 일어나기를 기다렸다.

잠시 후 샛별이 두 팔을 쭉 뻗은 채 기지개를 켜며 마당으로 나와 성휘에게 먼저 아침 인사를 건넸다.

"잘 잤어?"

"어? 응. 어… 너는?"

"난 기억이 하나도 안 나. 우리 어제 몇 시까지 마셨어?"

"세… 세 시."

"근데 넌 이름이 뭐랬지? 승휘?"

"성휘."

"성휘? 무슨 뜻이야?"

"별의 반짝이는 빛."

"진짜? 내 이름이랑 비슷하네? 신기하다!"

"그… 그러네."

성휘는 샛별의 눈을 마주 보는 대신 그녀의 볼에 있는 솜털을 응시했다. 보송보송한 솜털이 앙증맞게 햇빛을 반사하고 있었다. 성휘가 샛별을 바라보느라 넋을 놓고 있던 바로 그때 나머지 친구들이 요란하게 기상했다.

"아~함! 성휘랑 샛별이는 일찍 일어났네?"

"우… 우리도 방금 일어났어."

성휘가 어색하게 대답했다. 마치 제 발 저린 도둑처럼 말까지 더듬거리면서 말이다.

"그나저나 우리 아침 뭐 먹지?"

"너무 속 쓰린데, 어른들은 이럴 때 해장국 같은 거 먹지 않냐?"

"해장국은 무슨 해장국이야. 내가 라면 끓여 줄 테니까 다들 씻기나 해."

민우가 소매를 걷어붙이며 부엌으로 향하자, 샛별이 따라 들어갔다. 성휘는 자신이 먼저 라면을 끓이겠다고 말하지 못한 것을 후회했다.

아침 겸 점심으로 해장라면을 먹은 그들은 민박을 나와 기차역으로 가기 전 다시 한번 해변에 들렀다. 바닷가로 이동하는 동안에도 성휘는 샛별에게서 시선을 떼지 못했다.

잠시 후 대천 앞바다에 뿌려진 윤슬이 샛별의 등 뒤로 펼쳐졌다. 바닷바람이 그녀의 머리를 흩날렸고, 그 머리끝에 안개꽃처럼 윤슬이 피어났다. 그 순간 성휘는 깨달았다. 자신이 샛별을 좋아한다는 사실을.

"우리 바닷가 배경으로 사진 한 방 찍을까?"

민우가 네 사람에게 필름 카메라를 들어 보이며 말했다.

경태와 진영, 샛별이 동시에 "그래!"라고 외쳤다.

샛별을 넋 놓고 바라보던 성휘만 한 박자 늦게 대답했다. "그… 그래!"

기차역으로 가는 교통편은 자연스럽게 버스로 결정되었다. 기차역까지 10분이면 갈 수 있는 택시를 두고 30분이나 걸리는 버스를 타게 된 데는 성휘의 강력한 입김이 있었다.

다섯 명이 한꺼번에 택시를 탈 수 없으므로 택시를 두 대는 잡아야 하는데, 두 대는 요금이 너무 많이 나오니 그냥 다 함께 버스를 이용하자는 게 그의 주장이었다.

물론 성휘의 본심은 그게 아니었다. 2대 3으로 택시를 탈 경우, 높은 확률로 사촌 형제인 진영과 샛별이 함께 택시를 타게 될 것이다. 성휘가 자신의 마음을 들키지 않으면서 잠시라도 그녀와 함께 붙어있을 방법은 대천역까지 다 함께 버스로 이동하는 것뿐이었다. 그런 그의 마음을 아는지 모르는지 샛별은 기꺼이 버스로 이동하는 것에 찬성했다.

기차역이 가까워지자 성휘는 점점 더 초조해졌다. 이대로 샛별과 헤어지고 싶지 않았다. 하지만 서울에 사는 친구의 사촌 동생과 다시 만날 가능성은 현실적으로 너무나 희

박했다. 그는 결국 매표를 앞두고 두 눈 딱 감고 생애 처음으로 미친 척 용기를 내어보았다.

"샛별아, 나도 서울에 갈 일 있는데, 같이 올라갈까?"

"진짜? 그런데 서울에 무슨 일?"

"친척 이모가 서울에 살고 있는데, 대학 가기 전에 한번 들르라고 하셨거든."

성휘에겐 서울에 사는 친척 따윈 없었다. 하지만 이 사실을 알 리 없는 친구들은 성휘의 기습 행동에 별다른 의미를 부여하지 않았다.

"그래? 잘됐네. 심심할 뻔했는데, 같이 가자!"

샛별은 성휘의 말을 곧이곧대로 믿었다. 성휘는 미친 듯 두근거리는 자신의 심장박동을 들키지 않기 위해 애써 태연히 표정을 관리했다.

그렇게 성휘와 샛별은 '대천-수원'행 무궁화호 승차권을, 나머지 친구 셋은 '대천-천안'행 승차권을 끊었다. 다행히 매표소 직원이 '대천-수원'행 승차권 두 장은 좌석을 붙여줘서 성휘와 샛별은 처음부터 함께 나란히 앉아서 갈 수 있었다.

비록 천안까지는 바로 앞자리였던 경태와 진영이 기차 좌석을 뒤로 돌려 서로 마주 보고 앉았지만, 성휘는 그런 것 따위 전혀 개의치 않았다. 그저 당장의 상황이 너무나 행복해 죽을 지경이었다. 어차피 잠시 후 친구들이 먼저 천안역에서 내리고, 그때부터는 샛별과 단둘이 있게 되기 때문이다.

성휘는 자신의 인생에 갑자기 벌어진 이 놀라운 사건이 도무지 믿어지지 않았다.

천안역에서 민우와 경태, 진영이 먼저 하차했다. 경태가 내리면서 성휘에게 눈을 찡긋하자, 그는 당혹스러움에 급하게 고개를 홱 돌려버리고 말았다. 그런데 하필 고개를 돌려버린 쪽에 샛별이 있었다.

"여기서 수원역까지는 금방이야. 나는 거기서 지하철 1호선으로 갈아탄 다음 금천구청역으로 가야 하는데, 넌 친척 집이 어디야?"

성휘는 들어본 적 있는 서울 지명을 아무 곳이나 둘러댔다.

"신림, 신림동에 이모가 살고 계셔."

"신림동? 신림동이면 금천 바로 옆인데, 신기하다!"

"그… 그래? 난 금천이 어딘지 잘 몰라서…."

"내 삐삐번호 알려줄 테니까 다음에 또 서울 오면 연락해."

"어? 어! 꼭 연락할게."

수원역에 도착한 성휘와 샛별은 지하철 노선표를 통해 신림역으로 가려면 1호선을 타고 금천구청역까지 한 번 더 동행해야 한다는 사실을 알게 되었다. 성휘는 날아갈 것만 같은 기분을 숨기며, 친척 집을 신림동이라 내뱉은 한 시간 전의 자신을 칭찬했다.

좌석이 정해져 있는 기차와 달리 지하철은 빈자리가 없으면 내내 서서 가야 했는데, 다행히 한 자리가 났다. 덕분에 샛별이 앉아서 가고 성휘는 바로 앞에서 지하철 손잡이를 잡은 채로 내려다보며 가게 되었다. 그는 샛별이라도 앉아서 갈 수 있어서 다행이라고 생각했다.

"나 내릴 때, 여기 앉아."

샛별이 성휘에게 속삭였다.

"어, 고마워. 그럴게."

성휘가 샛별에게 대답했다. 그는 안내 방송에서 내릴 역이 조금씩 다가오는 것을 보며 심장이 조여 오는 느낌을 받았다.

"잘 가!"

"어! 너도."

금천구청역에서 샛별이 내리자, 성휘는 그제야 온몸의

긴장이 쭉 풀어지는 것을 느꼈다. 이틀 동안 샛별의 옆에서 숨도 못 쉴 만큼 긴장하고 있었던 그는 샛별과의 이별이 편안하면서도 아쉬웠다.

잠시 후, 성휘는 다음 역에서 바로 하차해 천안으로 돌아왔다. 그는 가깝다는 이유로 집 근처 대학에 지원해 버린 것을 이때 처음으로 후회했다.

그날 이후 성휘는 한 달에 한 번씩 존재하지도 않는 서울 이모를 핑계 삼아 샛별에게 연락했다.

만나서 데이트 비슷한 것도 했다. 함께 영화관에도 가고, 날씨가 좋을 땐 안양천을 산책하기도 했다. 반년쯤 흘렀을 때, 샛별에게 애인이 생겼다. 그렇게 성휘는 샛별과 친구 이상으로 발전조차 하지 못한 상황에서 홀로 실연을 당했다.

그런데도 성휘는 1~2년에 한 번씩 잊을 만하면 샛별에게 연락했다. 안부를 묻고, 가끔 만나서 밥도 먹었다. 그녀에게 성휘의 포지션은 엄연히 친구였으니까. 하지만 그뿐이었다.

흐지부지한 관계는 늘 흐지부지하게 유지되었고, 그들은 언제인지도 깨닫지 못할 즈음 자연스럽게 연락이 끊어졌다.

군 면제 후 학업에 열중한 성휘는 동기들에 비해 빠르게 취업에 성공했다. 서울 강남의 IT 회사에 취업한 그는 입사와 동시에 사내 연애를 시작했다.

하지만 그의 첫 연애는 그리 오래가지 않았다. 이상하게 상대에게 집중이 되지 않았다. 짧은 만남 후 상대 여성이 퇴사했고, 이후로도 몇 번의 소개팅을 했지만 만남이 길게 지속되진 않았다.

성휘는 입사 3년 차에 주임으로 승진했고, 입사 후 무려 5년 동안 단 한 번도 회사에 지각한 적이 없을 만큼 성실하게 근무했다.

그러던 어느 날, 전날 야근으로 인해 처음으로 알람 소리를 듣지 못한 그는 무려 30분이나 늦잠을 자버리고 말았다. 세수도 제대로 하지 못한 채 부랴부랴 구로디지털단지역 2번 출구로 뛰어갔다.

그렇게 정신없이 계단을 오르던 중 자기 방향으로 내려오던 수많은 인파 속에서 한 여성과 눈이 마주쳤다.

"어? 어! 어…."

"오랜만이야."

샛별이었다. 마지막으로 만난 게 언제였는지는 정확히 기억나지 않지만, 샛별은 그대로였다. 여전히 눈이 크고,

예뻤고, 새까만 긴 생머리에 피부는 하얬다. 그 순간 성휘는 시간이 멈춰버린 듯한 착각마저 들었다.

열아홉 살 겨울, 둘이서 함께 1호선을 타고 서울로 올라가던 지하철에선 샛별이 앉아 성휘를 올려다보았다. 그런데 지금은 무려 10년 만에 계단에서 성휘가 샛별을 올려다보고 있었다. 그녀는 10년 전 얼굴의 솜털까지 그대로 간직하고 있었다.

하지만 5년 만에 처음으로 회사에 지각하게 된 성휘는 너무나 마음이 급했고, 자세한 인사를 따로 나누지도 못한 채로 출근해야만 했다.

"이따 저녁에 역 앞 카페에서 기다려줘!"

"어, 어, 알겠어!"

막무가내로 급하게 약속을 잡았는데도 샛별은 일단 성휘의 제안을 수락했다.

성휘는 근무 시간 내내 정신을 차릴 수 없었다.

그렇게 말도 안 되는 상황에서 샛별과 재회하게 될 거라고는 상상도 하지 못했기 때문이다. 그는 하염없이 퇴근 시간만을 기다렸다.

기다림과 동시에 초조하고 불안했다. 그녀가 카페에 나타나지 않을까 봐.

연락처라도 물어볼걸, 만약 카페에 샛별이 나타나지 않는다면 다시 구로디지털단지역에서 그녀를 만날 수 있을까? 이런저런 생각으로 근무에 집중할 수 없었다.

　일주일 같은 하루 근무를 마친 성휘는 퇴근하자마자 서둘러 구로디지털단지역으로 향했다. 2번 출구 바로 앞에 있는 카페로 향하는 발걸음이 가벼우면서도 무거웠다.

　부디, 제발, 카페 안에 그녀가 있기를. 성휘는 종교도 없으면서 온 마음으로 존재하는 모든 신에게 기도했다. 바로 그때 카페에 앉아 있는 샛별을 발견했다.

　그녀는 약속대로 그곳에서 그를 기다리고 있었다.

　딸랑.

　카페 문 열리는 소리와 동시에 성휘는 샛별과 눈이 마주쳤다. 샛별은 가장 안쪽 테이블에 앉아 있었다. 샛별이 있는 테이블로 뚜벅뚜벅 다가간 성휘가 그녀의 맞은편에 앉으며 다정하게 물었다.

　"오래 기다렸어?"

　"안녕, 성휘야. 진짜 오랜만이다!"

　테이블 위에는 베이지색 머플러와 장갑, 그리고 분홍색 털모자가 놓여있었다. 오늘 아침에 지하철에서 우연히 마주쳤을 때 전부 샛별이 착용하고 있었던 것들이었다.

"이 동네에는 어쩐 일이야?"

"나? 우리 회사가 저쪽 길 건너야."

"뭐? 회사가 여기야? 길 건너?"

"성휘 넌 이 동네에 무슨 용건이었어?"

"난 저기 길 건너에서 살고 있어."

샛별의 회사와 성휘의 자취방은 불과 50미터 거리를 두고 같은 골목에 있었다.

성휘가 매일 아침 2번 출구로 올라가면서 출근하면 정확히 30분 뒤, 샛별이 2번 출구로 내려오면서 성휘의 자취방 50m 옆 건물의 회사로 출근했다. 샛별은 당시 게임 잡지사의 경리로 3년째 근무하고 있었다.

그렇게 3년을 매일 아침저녁으로 같은 2번 출구를 오갔지만, 그들은 그동안 단 한 번도 서로 마주치지 않았다.

"내가 오늘 처음으로 30분이나 지각하는 바람에 우리가 마주칠 수 있었던 거네."

"심지어 열차 한 대만 엇갈렸어도 못 만났을 텐데, 신기하다."

"그러게, 진짜 열차 한 대만 엇갈렸어도⋯."

"그나저나 잘 지냈어? 그동안 어떻게 지냈어? 이렇게 만나니까 진짜 너무 반갑다!"

"아, 난 그냥… 지금은 강남에 있는 회사에 다니고 있… 있잖아, 샛별아. 진짜 열차 한 대만 엇갈렸어도 우린 아마 오늘 아침에 마주치지 못했을 거야. 그렇지?"

"응, 맞아. 진짜 너무 반갑고 신기하더라."

샛별은 여전히 반짝반짝 빛나고 있었다. 마치 겨울 바다의 윤슬처럼.

그녀에게 성휘가 물었다.

"혹시 10년 전 우리 열아홉 살에 대천 앞바다에서 나한 테 물어봤던 거 기억나?"

"우리 처음 만났을 때? 글쎄?"

"내 이름 뜻이 뭐냐고 샛별이 네가 물었잖아. 그때 내가 '별의 반짝이는 빛'이라고 대답했고."

"맞아! 생각난다. 생각났어!"

"근데 있잖아, 말 그대로 나는 별이 아니야. 그걸 깨닫는 데 무려 10년이 걸려버렸네. 태성휘, 별의 반짝이는 빛. 나는 샛별이 너의 빛이 되고 싶어."

4년 후, 2011년 7월 3일 14시 15분.

그들은 아들 태성운을 낳았고, 같은 시각 지구로부터 황새치자리 방향으로 4,540만 광년 떨어진 NGC-1947 은하에 원시성이 탄생했다.

이후 이루미가 태어났으나 핵융합을 하지 못했고, 그로부터 15년 뒤 플랫폼이 열린 것이다.

플랫폼(platform)

플랫폼은 '역에서 기차를 타고 내리는 곳'이다. 현대에는 그 의미가 확장되어 '거래를 원하는 복수의 집단을 연결해 주는 공간'을 의미하기도 한다. 주로 온라인상에서 자주 쓰이는 용어이다. 즉 플랫폼의 핵심 키워드는 '연결'이다.

"아빠, 듣고 있어? 우린 같이 엄마를 구해야 해."

"그보다 플랫폼이 열렸다는 건 도대체 무슨 소리야?"

원시성이 핵융합을 통해 항성이 된다는 건 지구인들도 이미 알고 있는 과학 지식이었다. 하지만 플랫폼에 대해서는 그들에게 전혀 알려진 바가 없었다.

"플랫폼은 원래 항성이 지구에서 태어날 때만 딱 한 번 열리게 되어 있어. 정확하게는 출산이 아니라 수정될 때. 아빠도 플랫폼이 열리면서 우주에서 지구에 있었던 엄마 뱃속으로 이동하게 된 거야."

"내가… 우주에서 왔다고?"

"아빠뿐만이 아니라 부모별에 있는 모두가 우주에서

왔어."

"심지어 미래의 내 아내가 이미 정해져 있다고…? 내가 결혼을 한다고?"

성운이 믿을 수 없다는 얼굴로 되묻자, 소녀는 당연하다는 표정으로 대답했다.

"삼태성이 말하길, 인간은 대부분 태어나는 순간에 운명이 결정된대. 가끔 운명이 바뀌는 사람도 있긴 하지만."

"운명이 바뀔 수도 있어?"

"내가 있었던 NGC-1947 은하는 비록 죽어가는 은하이긴 하지만 그래도 드물게 항성이 있기는 했어. 아마도 비약적인 의료 기술의 발전으로 죽어야 했을 운명의 사람이 살게 된 경우라던가, 천운으로 예정된 사고를 피하게 된 사람의 경우 같은…. 죽어가는 은하에서도 아주 가끔은 플랫폼이 열렸어."

"아, 그럼 너도 그런 경우야?"

소녀는 옅은 미소를 지으며 고개를 가로저었다.

바로 그때 신창역 플랫폼 안으로 다시 열차가 들어왔다. 퇴근 시간과 맞물려서인지, 이번에는 제법 많은 사람이 하차했다. 시간은 어느덧 6시를 넘어가고 있었고, 서쪽 하늘로 해가 뉘엿뉘엿 떨어지고 있었다.

"말했잖아. 나는 원시성에서 애당초 핵융합 단계로 넘어가지도 못했어. 엄마는 살 수 있는 운명이 아니었던 거지. 나는 수천 년에 한 번씩 NGC-1947 은하에서 열리는 플랫폼이 너무나 부러웠어."

"플랫폼은 정확히 어떻게 열리는 거야?"

"뭐라고 설명해야 하나, 부모별에 있는… 아, 아빠도 모르려나? 할머니 세대의 브라운관 TV 화면 같이 볼록하고 네모난 창이 곧 태어날 별 근처의 허공에서 열려. 그러면 그 별은 곧 우주에서 죽음을 맞이하고, 플랫폼을 통해 태어날 준비를 하는 거지."

"그럼, 아까 말한 태어나지 못하는 아이들은?"

"부모 1, 2 중 하나가 죽을 때 함께 소멸해. 그땐 부모별에서 태어날 수 있는 확률이 0이 되는 거니까. 우주에서 영원히 사라지는 거야."

"세상에… 저런…."

"나도 곧 그렇게 될 운명이었어. 그런데 죽기 직전에 플랫폼이 열린 거야."

"아, 맞다! 너도 플랫폼이 열렸다고 했지? 그럼 너는 도대체 어떻게 지구로 오게 된 거지?"

소녀는 다시 이어폰에 손을 가져다 댔다. 아마도 저 이어폰을 통해서 아까 말했던 삼태성인지 삼신할머니인지와 신호를 주고받는 것 같았다.

"삼태성이 말해줄 수 있는 건 '플랫폼은 여는 건 자식이 아닌 부모'라는 것뿐이래."

"내가… 뭘 한 건가?"

"나야 모르지."

"근데, 그 원시성이니 핵융합이니 하는 거, 그거 우주에서 실제로는 수천 년씩 걸리는 거 아냐? 지구만 해도 46억 살이라던데…."

"맞아. 항성이 태어나서 죽는 데 걸리는 시간은 실제로 그 정도씩 걸려. 그런데 플랫폼을 통해 확장되고 축소된 시간은 부모별과 우주의 시간이 정비례하지 않는대."

"그렇구나. 그나저나 내가 결혼하긴 할 운명이었구나. 크면서 마음이 바뀌는 건가? 지금으로선 상상도 안 되는데…."

"아빠, 정신 차려. 아빠는 이대로 가면 결혼 못 해. 그전에 엄마가 죽으니까."

"있잖아, 사실 난 아직 네 말을 전부 믿지는 못하겠어. 솔직히 이건 너무 말이 안 되잖아."

조금 전까지 이것저것 물어보던 성운은 호기심으로 인

한 갈증이 어느 정도 해소되자 소녀에게 선을 긋기 시작했다.

당장 그의 눈에만 보이는 존재, 그 존재가 들려주는 이야기들은 몹시 흥미로웠지만, 딱 거기까지였다. 성운은 타인에게 피해를 주는 성격은 아니었으나, 그렇다고 해서 결코 오지랖까지 넓은 것은 아니었다.

"방금 내가 다 설명했잖아?"

소녀는 성운의 갑작스러운 태도 변화가 당황스럽다는 듯 대답했다.

"상당히 흥미로운 얘기였고, 네가 사람이 아닌… 그래, 지구인이 아닌 것까진 알겠는데, 내가 왜 누군지도 모르는 사람을 구해야 하지?"

성운의 마지막 말을 듣는 순간 소녀의 얼굴에 미묘한 실망과 분노가 스쳤다. 소녀는 지금 그걸 말이라고 하냐는 듯 성난 어조로 성운에게 말했다.

"누군지도 모르는 사람이 아니라 엄마가 위험하다니까?"

"그건 아직 오지 않은 미래잖아. 현재를 기준으로 사실상 남이라고 남. 그리고 난 여자애들이랑 얽혀서 한 번도 좋은 꼴을 본 적이 없어."

"어떻게 그런 말을…."

"지구에서는 하루에도 수백수천 명이 생명을 잃어. 게다가 난 비혼주의자고. 당사자한테 이런 말 해서 미안한데, 너희 엄마가 아니었어도 넌 아마 태어나지 못했을 거야…."

"뭐라고?"

"안타까운 사연은 잘 알겠고, 네 엄마라는 사람도 안됐지만… 솔직히 나까지 위험해질지도 모르는 상황에 굳이 휘말리고 싶진 않아."

"엄마와 내가 죽어도 아빠는 살아 있으니까?"

소녀가 체념한 듯 차가운 목소리로 읊조렸다. 생각해 보면 애당초 죽어가는 은하에서 플랫폼이 열린 것부터가 말도 안 되는 일이었다. 기적은 두 번 일어나지 않는다.

"그런 식으로 말하지 마! 당장 내 가족, 내 친구라면 나도 어떻게든 그 사람을 구하기 위해 애쓰겠지만, 지금 네가 말하는 건 진짜 누군지도 모르는 생판 남이라고. 게다가 난 이미 과거에도…."

"그러면 난 어차피 죽을 운명이니까 그게 오늘이어도 아빠는 상관없겠네?"

소녀가 성운의 말을 끊으며 그의 손을 맞잡았다.

처음에는 투명하게 스쳐버렸던 손이 어느새 질감과 체

온을 갖게 되었다. 체온이 느껴지자, 성운은 재빨리 소녀의 손을 뿌리쳤다. 여학생과 손이 닿은 건 그날 이후 처음이었다.

"다른 사람 눈에는 여전히 내가 보이지 않겠지만, 아빠와 체온이 연결된 이후에는 엄마가 죽기 전에도 얼마든지 소멸할 수 있어."

"그게 무슨….."

소녀는 성운의 말이 채 끝나기도 전에 신창역 스크린도어 맞은편 화물열차가 지나가는 선로 쪽 펜스를 향해 성큼성큼 다가갔다. 그리고 순식간에 펜스를 넘어섰다. 그리고 양팔로 펜스를 붙잡은 채 선로를 향해 몸을 젖혔다.

"뭐, 뭐 하는 거야! 지금!"

"우주에서 소멸을 기다리느니, 차라리 지구에서 소멸할래."

때마침 선로 끝에서 화물열차가 굉음을 내며 들어오고 있었다.

성운은 이곳에 내렸을 때 화물열차가 신창역을 그대로 통과하던 모습이 떠올랐다. 만약 이대로 소녀가 펜스를 잡은 손을 놓아버린다면, 감속하지 않고 이곳으로 질주하는 화물열차에 갈가리 몸이 찢겨버릴 상황이었다.

소녀는 잠시 망설이다 성운에게 한마디 말만 남긴 채 미련 없이 손을 놓아버렸다.

"아빠, 그래도 만나서 반가웠어."

바로 그 순간 성운의 머릿속에 난생처음 듣는 어린아이의 목소리가 환청처럼 들려왔다.

아빠!

아빠! 있잖아~

아빠! 오늘 어린이집에서…

아빠가 그러라고 했잖아~

이어서 성운의 코끝에 어린아이의 보드라운 숨이 훅 스쳐 갔다. 품 안의 체온, 앙증맞은 발가락의 꼼지락거림, 왼쪽 뺨을 간질이는 솜털까지… 그는 지금, 이 순간 느껴지는 모든 오감이 꿈인지, 환각인지 구분조차 할 수 없었다.

하지만 한 가지는 확실히 알 수 있었다. 이것은 그가 선택할 수도 있는 미래였다.

성운은 재빨리 펜스 밖에 있는 소녀의 손을 잡아끌었다. 그와 동시에 소녀의 등 뒤로 화물열차의 매서운 바람이 몰아쳤다.

"미쳤어?"

"아빠….."

"이… 이게, 도대체 무슨 짓이야!"

"… 생판 남이라며….."

"아무리 그래도 눈앞에서 사람이 죽는 걸 두고 볼 정도로 피도 눈물도 없지는 않다고!"

소녀는 성운의 손을 붙든 채 다시 펜스를 넘어왔다. 펜스를 넘어오는 동안 화물열차가 신창역 플랫폼을 완전히 벗어났지만, 소녀의 손은 여전히 미세하게 떨리고 있었다.

"아빠, 그거 알아? 아빠는 방금 두 사람을 살린 거야."

"그래, 일단 얘기나 마저 들어보자….. 내가 미래에 결혼할지 말지는 모르겠지만, 그보다 누군지도 모르는 사람을 무슨 수로 구해?"

소녀는 돌고 돌아 이제야 본론으로 돌아왔다는 표정으로 대답했다.

"단서가 있어. 엄마를 찾을 수 있는 단서 세 가지."

"그게 뭔데?"

"이름, 죽는 날짜, 사인."

"이름이 뭔….."

성운은 아까부터 신창역 플랫폼에 하나둘씩 사람들이

채워지는 것을 보고 그제야 부모님 생각이 났다. 재빨리 휴대전화 화면을 확인해 보니 부재중 전화와 메시지가 어마어마하게 와 있었다.

"자, 잠깐만! 나 전화 좀!"

급하게 엄마한테 전화를 건 성운은 지하철에서 깜빡 졸았음을 시인한 뒤, 금방 집으로 돌아가겠다고 엄마를 안심시켰다.

"아, 그래서 네 엄마 이름이 뭐라고?"

"이루미. 엄마 이름은 이루미야."

블랙홀

초등학교 6학년 1학기 중반까지만 해도 성운의 학교생활은 몹시 순조로웠다. 많지도 적지도 않은 적당한 몇몇 친구들과 시답잖은 농담도 하고, 때로는 짓궂은 장난도 치면서 딱히 특별할 것도, 남부러울 것도 없는 평범한 생활을 영위하고 있었다.

그는 수업을 마친 뒤, 친구들과 함께 축구하는 것을 좋아했는데 비만 오지 않으면 거의 매일 운동장에서 축구를 하곤 했다.

그날은 유난히 내리쬐는 햇살로 인해 흘린 땀이 성운의 체육복을 찐득하게 물들인 날이었다. 그는 2대 1로 기분 좋게 경기에서 이긴 뒤, 친구들과 하이 파이브를 주고받았다. 벤치에 앉아 있던 몇몇 여자애들이 까르륵거리며 구경하고 있었다.

축구 경기를 마친 성운과 친구들은 흙 묻은 책가방을 털어내며 우르르 교문으로 향했다. 운동장을 절반쯤 가로질렀을 때, 불현듯 꿉꿉함을 느낀 성운이 친구들을 먼저 보내고 운동장 반대편 수돗가로 향했다.

이미 절반 이상 땀으로 젖어버린 옷이었기에 그는 체육복에 물이 튀는 것 따윈 개의치 않고 수도꼭지를 회전시켜 머리를 적셨다. 바로 그때 학교 건물 뒤쪽 어딘가에서 누군가 윽박지르는 소리가 들려왔다.

"야, 야! 오진아! 내 말이 우스워?"

목소리를 따라가 보니, 복도에서 종종 마주치던 3반 여자애들이 그곳에 몰려 있었다. 이름은 알지만, 인사를 주고받는 정도는 아닌, 딱 그 정도의 옆 반 애들 말이다.

"너희 여기서 뭐 해?"

분위기가 다소 험악해 보였지만, 차마 그냥 지나칠 수 없었던 성운은 오른손으로 젖은 머리의 물기를 털어내며 여학생들에게 다가갔다.

자세히 보니 여학생 세 명이 한 명을 둘러싸고 있었다.

"뭐야? 너 2반 아니야?"

"무슨 일인데? 설마 너희 싸우는 거야?"

"남의 반 일에 관심 끄셔."

본관 건물 뒤편 소각장에서 여럿이 한 사람을 몰아세우

고 있는 모습이 영 탐탁지 않았던 성운은 차마 진아라는 아이를 이대로 못 본 척 두고 갈 수 없었다.

"무슨 일인지 모르겠지만, 좋게 좋게 대화로 푸는 게 어때? 너희 네 명 항상 같이 다니지 않았나?"

"이년이 방과 후 수업에서 내 뒷담화를 깠다는데, 뭐? 좋게 좋게?"

"슬기야, 그게 아니라… 오해야."

"오해? 오해라고? 너 진짜 내가 등신으로 보이는구나?"

슬기가 진아의 이마를 검지로 툭툭 치며 비꼬았다.

성운은 곧바로 슬기의 손을 제지하며 그녀의 앞을 가로막았다.

"너, 말이 좀 심한데? 오해라잖아. 이 친구 얘기는 들어보기나 한 거야?"

"들어볼 필요도 없거든? 이년이 민주한테 내 뒷담화하는 걸 얘네들이 직접 들었다는데, 오해는 무슨 오해?"

"맞아. 우리가 봤어."

"슬기가 민주 싫어하는 거 뻔히 알면서 방과 후 수업에서 나란히 앉더니, 고새 친해져서는 방과 후 수업 안 듣는 슬기 험담을 어찌나 하던지…."

"슬기야, 그게 아니라 민주가 너랑 친해지고 싶다고 해서…."

"됐다고! 그 입 다물라고. 네가 그랬다며? 우리 부모님 맞벌이라 집에 안 계셔서, 뭐? 내가 애정결핍? 야! 야!! 네가 뭔데 내가 애정결핍이니 어쩌니 그딴 소리를 해!"

슬기가 손을 들어 진아의 뺨을 내리치려 하자 성운은 자기도 모르게 그녀의 손목을 붙들며 큰 소리로 고함을 쳐버렸다.

"그만해! 아무리 그래도 폭력은 아니지!"

자신보다 키가 한 뼘이나 더 큰 남학생의 고함에 주눅이 든 슬기가 눈물을 글썽이며 울먹거리기 시작했다. 그리고 성운에게 붙들린 손목을 뿌리치며 이내 울음을 터트리고 말았다.

"오진아, 신슬기, 정하율, 김은정! 너희 거기서 뭐 하니?"

하필 바로 그때 지나가던 3반 담임 선생님이 그들을 목격했다.

성운이 자초지종을 설명하려 했으나, 피해자였던 진아가 대뜸 이렇게 대답했다.

"성운이가 슬기한테 갑자기 소리를 질렀어요."

"뭐?"

"슬기가 저한테 오해한 게 있어서, 저희끼리 잘 얘기하고 있었는데, 성운이가 갑자기 끼어들어서 슬기한테 소리를 질렀어요."

"야, 너… 그게 무슨 소리야."

성운은 진아가 갑자기 왜 그러는지 이해할 수 없었다.

'잘 얘기하다니, 잘?'

진아는 분명히 조금 전까지 친구들에게 폭언과 윽박지름을 당하고 있었고, 자신은 적극적으로 그녀에게 가해지는 폭력을 막아준 사람이었다. 이 자리에서 만약 진아가 굳이 누군가를 변호해야 한다면 그 상대는 슬기가 아닌 자신이어야 하지 않은가.

"너 2반이지? 강종현 선생님 반 맞니?"

"네. 그런데 그게 아니라…."

"큰 소리를 내면 네 의도가 어찌 되었든 친구들은 무서울 수 있단다."

"아니, 그게 아니라 애네들이 먼저 진아를…."

슬기는 진아의 뺨을 내리치려다 성운에게 붙들리는 바람에 붉게 멍든 자기 손목을 슬며시 뒤로 감추었다.

"때리는 것만이 폭력이 아니야. 폭언, 고함, 인신공격 등도 폭력이 될 수 있어."

'폭력'이라는 단어에 화들짝 놀란 성운은 황급히 상황을 설명했다.

"선생님, 제 말 좀 들어보세요. 여럿이 한 명을 괴롭히고 있었다고요!"

"내가 이 녀석들 담임 선생님이고, 얘네들은 반에서도 손에 꼽을 정도로 친한 친구들이야."

"넷이 원래 친한 건 맞는데, 얼마 전 방과 후 수업에서 진아가 민주라는 친구한테…."

"그만, 그만하렴. 계속 이러면 강종현 선생님께 오늘 있었던 일을 전달할 수밖에 없구나."

성운은 머리를 세게 한 대 얻어맞은 기분이었다.

3반 담임 선생님은 슬기를 포함한 여학생들을 달래느라, 그의 이야기를 들어줄 생각조차 없어 보였다. 심지어 진아는 어느새 자연스럽게 슬기의 어깨를 토닥이고 있었다.

네 명의 여학생들은 언제 그랬냐는 듯 담임 선생님 앞에서 그들의 우정을 과시했다. 지금의 상황은 누가 봐도 성운이 가해자였다.

성운의 누명은 거기서 끝나지 않았다. 그날 이후 성운은 옆 반 여학생들의 공공의 적이 되어 3반 복도를 지나갈 때마다 모욕적인 비아냥거림을 들어야 했다.

"재수 없어."

"2반 싸패 지나간다."

처음에는 그저 불쾌한 정도였으나, 시간이 지날수록 점차 주눅이 들기 시작했다. 얼굴 없는 목소리가 내뱉는 비속어들이 매번 그의 귀에 정확하게 꽂혀 들었고, 여학생들의 키득거림은 전부 자기를 향하는 기분이었다.

성운은 3반 교실 앞 복도를 지나갈 때마다 바닥에 시선을 떨구게 되었으며, 마냥 즐거웠던 학교생활에 깊은 어두움이 드리워졌다. 그것은 마치 스스로는 헤어 나올 수 없는 블랙홀과 같은 어둠이었다.

블랙홀은 중력이 너무 커서 어떤 것도 빠져나오지 못하는 천체를 말한다. 성운은 경멸, 조롱, 비난이라는 중력에 갇혀 이전과 같은 일상으로 돌아오지 못했다. 선생님에게 의논할 수도, 부모님에게 말할 수도 없었다.

조롱은 2학기까지 이어졌으며, 어느 순간부터 성운은 같은 반 여학생들과도 더 이상 말을 섞지 않게 되었다. 몇몇 남학생하고만 소소하게 교류하면서 점심시간과 쉬는 시간에는 교실에서 책만 파기 시작했다.

나중에 알게 된 사실이지만, 성운이 적극적으로 도우려 했던 진아는 실제로 슬기의 험담을 어마어마하게 하고 다녔다고 한다. 물론 그렇다고 해서 여럿이 한 명을 궁지로 몰아세우거나 폭력이 정당하다는 것은 아니지만, 진아가 마냥 억울한 피해자는 아니었다는 사실이 성운을 재차 씁쓸하게 만들었다.

심지어 그녀들은 성운의 사건을 계기로 더욱 돈독해졌다고 하니, 성운은 그들의 우정을 도무지 이해할 수 없었다.

천만다행으로 성운은 초등학교 졸업과 동시에 자신을 모함한 여학생들과는 자연스레 인연이 끊어졌으며, 중학교 역시 남중에 진학하면서 그는 서서히 자신의 블랙홀을 벗어날 수 있었다.

그렇게 중학교에 입학한 지 한 달여 만에 성운은 다시 예전처럼 밝아졌으며, 친구들과의 시답잖은 일상과 웃음도 제자리를 찾았다.

하지만 모든 것이 예전으로 돌아간 것은 아니었다. 성운은 이제 더 이상 남의 일에 관여하지 않았다. 그리고 소각장 사건을 계기로 비혼주의자가 되었다.

성운과 은하

종점에서 출발하는 1호선 지하철을 타고 돌아오는 성운 옆에 소녀가 함께 앉았다. 지난 3년 동안 여학생과 이 정도로 가깝게 있어 본 적이 없었던 성운은 자신의 딸이라 주장하는 원시성에 불편함과 어색함을 티 내지 않고자 부단히 애를 썼다.

"근데, 아빠, 아빠는…."

"저기, 그 아빠라는 호칭 좀 어떻게 안 될까? 나 아직 중학생이고…."

성운이 손으로 입을 가린 채 목소리를 낮추고 말했다. 자기 눈에만 보이는 소녀와 대놓고 대화할 경우, 자칫 지하철에서 혼잣말하는 미친 사람으로 보일 것 같았기 때문이다.

"아빠를 아빠라고 부르지, 뭐라고 불러?"

"차라리 이름으로 불러. 내 이름은 성운이야."

"그래? 알겠어."

성운은 더 이상 아빠라는 호칭을 듣지 않아도 된다는 사실에 일단 마음이 놓였다. 동시에 문득 상대를 지칭할 이름이 없다는 것을 깨달았다.

"넌 이름이 뭐야?"

손바닥으로 입을 가린 성운이 시선을 정면에 고정한 채 목소리를 낮추어 물었다. 소녀는 오히려 그런 성운을 뚫어지게 바라보며 대답했다.

"난 이름이 없지. 엄마 아빠가 아직 내 이름을 지어주지 않았으니까."

"그럼 내가 널 뭐라고 불러야 하지?"

"아빠가, 아니 성운이가 지금 지어줘."

"작명엔 소질이 없는데, 아! 저 먼 우주 끝 은하에서 왔다고 했으니까 '은하' 어때?"

"죽어가는 은하에서 왔다고 놀리는 거야 지금?"

소녀는 배려가 전혀 없는 성운의 작명 센스에 기가 차고 어이가 없었다. 하지만 성운은 굴하지 않고 설명을 이어 나갔다.

"아니지. 너 내 이름이 뭔지 알아? 나 태성운이야, 태성운! 그럼 너는 태은하가 되는 거지."

"그게 뭐 어쨌다고."

"넌 죽어가는 은하가 아니라, 태어나는 은하인 거야. 태어나는 은하의 줄임말, 태은하! 어때?"

"태은하라…. 완전 마음에 들어."

대각선 맞은편에 앉은 승객이 수상한 시선으로 성운을 바라보았지만, 그는 처음으로 들어보는 소녀의 들뜬 목소리에 기분이 좋아졌다. 몇 년 만에 나누어 보는 여학생과의 대화였지만, 그는 오늘따라 이상하리만큼 이야기가 술술 나왔다.

해가 완전히 떨어진 차창 밖 시골 풍경은 온통 새까맸다. 불과 몇 시간 전 깜빡 잠이 든 채 통과했던 바로 그 터널처럼 말이다. 하지만 터널과 달리 저기 저 밤하늘엔 보이지 않는 수많은 별이 있다고 생각하니 그 또한 특별하게 느껴졌다.

집으로 들어가기 전 성운은 은하에게 미리 방에 들어가 있으라고 했다. 늦은 귀가 시간으로 부모님께 잔소리를 듣는 모습을 보여주고 싶지 않았기 때문이다. 그게 또래로서 부끄러운 건지, 부모로서 부끄러운 것인지는 성운도 알 수 없었다.

성운의 예상과 달리 부모님은 일절 나무라지 않았다. 그저 걱정돼서 그러니 앞으로는 늦으면 늦는다고, 꼭 미리 연락하라고 당부하였다.

"배고프지? 일단 손 씻고 밥부터 먹으렴."

아들을 위해 늦게까지 남겨둔 저녁밥을 보며 성운은 그제야 엄마에게 미안한 마음이 들었다.

먼저 방에 들어가 있던 은하가 갑자기 방문을 열고 고개를 빼꼼 내밀었다. 그것을 본 성운은 재빨리 은하에게 들어가라는 손짓을 했다. 엄마에게 은하가 보일 리 없다는 것을 알면서도 은하의 존재 자체가 너무 신경 쓰였다.

그는 허겁지겁 밥을 먹은 뒤, 서둘러 자기 방으로 들어갔다. 그리고 유튜브 영상 음량을 최대한으로 높인 뒤 은하에게 속닥거리며 말했다.

"들키면 어쩌려고 그래."

"할머니한테는 나 안 보이는데?"

"내가 실수할 수 있잖아…."

은하는 성운의 조바심을 이해할 수 없었다. 그녀는 그저 할머니를 제대로 한번 보고 싶었을 뿐이었다. 하지만 성운이 어쩔 줄 몰라 하는 모습을 보이자, 짜증이 났다.

은하는 성운이 부모님의 잔소리를 회피할 때 주로 쓰는 말 돌리기 스킬을 그대로 사용해서 화제를 바꾸었다.

"있잖아, 이 동네에서는 별이 엄청나게 잘 보이는 거 알고 있었어?"

"뭐? 무슨 별?"

"기다리는 동안 방에서 창문으로 보니까, 밤하늘에 별이
엄청 많던데?"

성운은 문득 지난 한 달 동안 주말마다 이곳에 머무르며
그동안 한 번도 밤하늘을 올려다보지 않았다는 것을 깨달
았다. 그는 은하의 말을 듣자마자 창밖을 향해 고개를 내밀
었다.

하지만 실내의 형광등 불빛 때문인지, 성운의 두 눈에 비
친 밤하늘은 여전히 칠흑같이 캄캄했다.

그는 편의점을 핑계 삼아 은하와 함께 집을 나섰다.

"여기도 가로등 불빛 때문에 밤하늘이 잘 안 보이니까
저쪽 철길 옆으로 한 번 가보자!"

"그래!"

성운과 은하는 동네를 한 바퀴 돌아 가장 어두운 길목에
서 멈춰 섰다. 그리고 동시에 하늘을 올려다보았다. 바로
그때 은하가 말했다.

"삼태성도 지금 우리를 보고 있대. 방금 말해줬어."

성운은 재빨리 밤하늘에서 삼태성을 확인했다. 선명하게
반짝이는 별 세 개가 나란히 밤하늘의 한가운데 떠 있었다.

서울 하늘에서는 전혀 보이지 않았던 삼태성이 천안에서는 바로 보였다. 사진으로만 봐 왔던 삼태성을 실제로 처음 발견하자, 묘한 기분이 들었다.

"저 별이 삼태성이구나. 정말 밤하늘에서 한 번에 찾을 수 있는 별이었네."

"죽어가는 은하에서… 태어나는 별도 아닌데, 플랫폼이 열린 건 내가 처음이라고 했어."

"플랫폼이 열렸을 때, 기분이 어땠어?"

밤하늘을 바라보던 성운은 은하에게 물었다.

은하는 여전히 그리운 얼굴로 하늘을 올려다보고 있었다. 마치 그곳에 자신의 고향이라도 있는 것처럼.

"글쎄, 처음엔 믿어지지 않았어. 그건 나에게 절대로 일어날 수 없는 일이었으니까. 사실 우주의 모든 별은 자기에게 다가오는 죽음을 미리 알고 있어. 그래서 나도 내가 곧 우주에서 소멸한다는 사실을 알고 있었어. 부모별 시간으로 한 달 남짓, 내게 주어진 시간은 그게 전부였어."

"이루미인가 하는 애가 죽는 날이 언제라고 했지?"

"이번 달 마지막 주 금요일. 그날 엄마가 죽어."

"어떻게 죽는데?"

"사인은 질식사례."

"헐! 아니, 도대체 무슨 상황이길래 평범한 중3 여자애가 질식사로 사망하나?"

"그건 지금부터 우리가 함께 알아내야지."

성운은 은하와 함께 터벅터벅 집으로 돌아왔다. 집에 들어가기 전 은하는 하늘을 한 번 더 바라보더니, 이내 삼태성을 향해 손을 흔들었다.

그 모습을 지켜보던 성운은 어쩐지 자신도 그래야 할 것 같은 기분이 들어 멋쩍은 표정으로 허공을 향해 손을 흔들어 보였다.

그렇게 집으로 들어가는 두 사람의 등 뒤로 어느새 키가 훌쩍 커버린 마당의 잡초들이 요란하게 서로의 몸을 부딪치고 있었다.

다음 날, 아침 일찍 일어난 성운은 부모님과 함께 아침을 먹으며 전날 자신이 깜빡 잠이 드는 바람에 다녀온 신창역에 대해 이야기했다. 7-3으로 탑승했으나, 4-2에서 내렸던 것, 종점이라 그런지 사람이 거의 없어서 신기했다는 것….

밤에는 늦은 귀가로 부모님을 걱정시킨 후라 속없이 이런 이야기들을 조잘조잘 털어놓기 어려웠으나, 하룻밤이 지난 오늘 아침에는 부모님도 어느 정도 걱정을 내려놓은 뒤였다. 그래도 지레 눈치가 보였던 성운은 변명하듯 일부러 더 장황하게 전날 밤의 이야기를 풀어놓았다.

"깜빡 존 덕분에 특별한 경험을 했네."

"온양온천역에서 신창역으로 갈 때 긴 터널이 하나 나오는데, 열차에 승객은 거의 없고, 1호선은 분명히 지상철인데 밖은 깜깜하고…. 와, 어제는 진짜 순간 내가 뭐에 홀린줄 알았다니까?"

"다음에도 한 번 더 다녀와 봐. 그러면 처음 갔을 때 놓쳤던 것들을 새롭게 발견할 수 있거든."

아빠는 성운의 머리를 쓰다듬으며 자리에서 일어났다. 그리고 잠시 후 엄마와 함께 잡초를 뽑기 위해 마당으로 나갔다.

성운도 부모님을 따라나설까, 생각했지만 바로 그때 안방에서 은하의 인기척이 느껴졌다. 성운이 발걸음을 옮겨 안방으로 들어서자, 안에는 은하가 벽 한쪽에 걸린 가족사진을 흐뭇한 표정으로 응시하고 있었다.

낡은 액자의 빛바랜 사진 속에는 할머니와 할아버지가 갓 돌이 된 성운을 안고 있었다. 그리고 조부모님 양옆으로 젊어 보이는 엄마와 아빠가 함께 서 있었다.

"성운이 넌 어디서 왔는지 안 궁금해?"

"난 어디서 왔는데?"

"솜브레로 은하에서 왔대. 솜브레로 은하는 여기서 처녀자리 방향으로 2,800만 광년 정도 떨어진 곳이야."

"그것 참 멀리서도 왔다."

성운은 2,800만 광년이라는 거리가 어느 정도의 거리인지 감도 오지 않았다. 1초 동안에 30만km를 이동하는 빛이 쉬지 않고 1년 동안 달리는 거리가 1광년이다.

그런데 그런 1광년의 속도에 다시 무려 2,800만을 곱해야 하는 거리에서 자기가 왔다는 것이다. 성운은 이러한 사실을 도대체 어떻게 받아들여야 하는지 여전히 알 수 없었다.

반면 은하는 손가락까지 접어가며 굳이 솜브레로 은하와 지구 사이의 거리를 셈하고 있는 성운을 이해할 수 없었다. 플랫폼의 시간은 굳이 저렇게 지구의 시간 단위로 셈을 할 필요가 없기 때문이다. 은하는 성운이 여전히 플랫폼을 통해 축소, 광폭 되는 시간을 이해하지 못했다고 생각했다.

"사람들이 가끔 전생 얘기를 하잖아? 사실 전생이 있는데, 정확히 말하자면 인간의 전생은 우주에서의 기억이래."

성운이 손가락셈을 멈추고 은하의 눈을 보며 되물었다.

"난 우주에서의 기억이 없는데?"

"원래 플랫폼을 통과하면 모든 기억이 사라져."

"사라졌는데 어떻게 그걸 알아?"

"무의식에 남아있는 거지. 그래서 모든 인간은 무의식중에 우주를 유영하는 꿈을 꾼다나? 예를 들면 고개를 들어 바라본 밤하늘의 별 말고는 우주에 대해서 전혀 알지 못하는 아프리카 오지의 부족민들도 잘 때는 우주에서 유영하는 꿈을 꾼대."

"비슷한 꿈을 꾼 적이 있는 것 같기도 하고. 그나저나 아직도 믿어지지 않네. 내가 우주에서 왔다니. 어? 근데 넌 어떻게 모든 걸 기억하고 있어? 너도 플랫폼을 타고 왔다며!"

"말했잖아. 난 임시 플랫폼이라니까? 정식 플랫폼은 내가 지구에서 수정될 때 열리는 게 정식이야."

"아, 맞다. 계속 깜빡하네. 엄마를 구해야 태어날 수 있다고 했지? 그나저나 이름 석 자만 가지고 무슨 수로 너희 엄마를 찾냐?"

"아무 상관도 없는 곳에 플랫폼이 열리지는 않았을 거야. 플랫폼이 열린 장소에서부터 다시 확인해 보자."

"다시 신창역에 가보자고?"

"아까 할아버지가 말했잖아. 처음 갔을 때 놓쳤던 걸 발견할 수 있다고."

온 집 안을 돌아다니며 이곳저곳 구경하는 줄로만 알았던 은하는 알고 보니 세 식구의 아침 대화를 전부 듣고 있었다.

은하는 사실 학생 시절의 아빠보다 젊은 시절의 할머니와 할아버지한테 더욱 관심이 있었다.

그분들이 태어난 순간에는 저 먼 우주에서 원시성의 탄생과 핵융합이 안정적으로 이루어졌다. 그래서 성운은 무사히 엄마의 뱃속에 수정된 것이다.

하지만 그로부터 열 달 뒤 성운이 태어나던 순간, 이곳으로부터 4,540만 광년 떨어진 거리에서 탄생한 은하의 원시성은 위치가 좋지 않았다. 하필 죽어가는 은하에서 태어날 게 뭐람.

하지만 NGC-1947 은하에서도 드물게 항성이 태어났기에 원시성 은하는 하염없이 엄마의 탄생과 핵융합을 기다렸다. 그곳에서의 시간으로 무려 21만 년을 말이다.

하지만 엄마가 태어났음에도 핵융합은 일어나지 않았고, 그렇게 은하는 자신의 운명을 깨닫게 되었다. 자기는 결코 지구에서 태어날 수 없다는 사실을.

　"그럼, 지금 당장 신창역으로 가자."

　"좋아!"

　"일단 가면 뭐든 힌트를 얻을 수 있겠지? 혹시 삼태성이 별다른 말은 안 해줘?"

　"삼태성은 별의 생과 사, 플랫폼의 원리만 알려줘. 엄마에 대해서는 우리가 알아내야 해."

　"삼신할매가 야박하네."

　"단서라도 준 게 어디야!"

　은하가 갑자기 걸음을 멈추고 팔짱을 끼며 씩씩거렸다. 그녀는 성운이 삼태성에 대해 안 좋게 얘기하는 게 언짢은 것 같았다. 성운이 머쓱한 표정을 지어 보이자, 은하는 그제야 못 이기는 척 팔짱을 풀었다.

　열차를 기다리는 동안 성운은 멀뚱히 눈앞의 스크린도어만 바라보았다. 원래대로라면 자신은 지금쯤 건너편 플랫폼에서 서울행 열차를 기다렸을 것이다.

　잠시 후 안내 방송과 함께 승강장 안으로 열차가 들어왔다. 성운은 매번 고수하던 7번 칸을 포기하고 사람이 가장 적은 객실을 골라 은하와 함께 나란히 앉았다.

"창밖 풍경 보면서 가다 보면 금방 도착할 거야. 지하철 1호선은 풍경을⋯."

"근데 왜 이걸 지하철이라고 해? 지하로 가는 것도 아 닌데?"

"아, 그거? 아빠 말이 백 년 전에는 이 선로가 일반 기찻 길이었대. 2000년대 들어서면서 수도권 지하철 운행을 함 께 시작했는데, 수도권 열차는 대부분 지하로 달리다 보니 그냥 지하철로 통일해서 부르나 봐."

"하나의 선로로 기차랑 지하철이 둘 다 달리는 거야?"

"구간마다 좀 다르긴 한데, 겹치는 구간이 아마 군데군 데 있을걸?"

성운의 옆에 앉아 있던 은하가 슬그머니 자리에서 일어 나 객실을 돌아다녔다. 은하는 창밖 풍경을 보기 위해 일부 승객들 근처를 서성이기도 했다. 하지만 그들 눈에는 은하 가 전혀 보이지 않는다는 사실을 이제는 성운도 잘 알고 있었다.

"신기하다. 하나의 선로로 두 종류의 열차가 달린다는 게, 플랫폼이랑 비슷하네."

"뭐가 비슷해?"

"별이 인간으로 태어날 때, 플랫폼이 열린다고 했잖아?"

"뭐, 브라운관 TV 같다는 그거?"

"응. 엄마의 뱃속에 잉태되는 순간, 우주에서 그동안 대기 중이었던 별이 플랫폼을 통과해서 지구에 도착하는데, 도착하면서 우주에 어떤 흔적이나 궤적 같은 걸 남기나 봐."

"그건 또 무슨 말이야."

무슨 소린지 영 모르겠다는 성운의 표정을 읽어낸 은하가 멈추었다. 그리고 곧바로 성운의 바로 맞은편 빈 좌석에 앉아 말을 이었다.

"생각해봐. 결국 모든 인간은 엄마 뱃속에 잉태되어 열 달 후에 태어나면서 자기도 저 먼 우주에 원시성을 만들어야 할 거 아니야."

"생각해보니 그러네?"

성운이 차근차근 따라오는 것을 보며 은하가 눈높이에 맞춰 설명을 시작했다.

"일반적으로 부모 1이 잉태될 때 자신이 남겨둔 궤적의 방향에 있는 은하에서 열 달 뒤 원시성이 탄생하거든. 그리고 마찬가지로 부모 2가 잉태될 때 자신이 남겨둔 궤적의 방향과 열 달 뒤 일치하는 은하에 있는 원시성이 핵융합하는 거고."

"그럼, 부모 1은 자신이 왔을 때와 같은 은하에 원시성이 생기는 거야?"

"아니지, 지구는 끊임없이 자전과 공전을 하잖아. 성운이 너만 해도 처녀자리 방향에서 왔지만, 나는 황새치자리 방향에서 왔잖아."

"아…!"

"동그란 공에 빨대를 꽂은 다음에 그 공을 굴리면 빨대의 방향이 바뀌겠어, 안 바뀌겠어? 선조의 선조까지 올라간다 해도 같은 방향을 가리킬 확률은 거의 없다고 봐야지."

"그렇구나. 근데 그러면 부모 1과 부모 2는 태어날 때 두 사람 다 같은 방향에 있는 은하에 플랫폼의 궤적이 남아있어야 원시성에 핵융합이 발생한다는 거잖아?"

"맞아."

"그게 가능해?"

"그런 수천수억만 분의 1 확률로 별이 탄생하는 거야."

은하가 성운을 뚫어지게 바라보며 대답했다.

성운은 곧 자신이 바로 그 수천수억만 분의 1 확률로 탄생한 별이라는 것을 깨달았다.

지하철은 하나의 선로로 쉬지 않고 달렸다. 어제는 성운이 깜빡 잠이 드는 바람에 전혀 눈에 담지 못했던 풍경들이 지금, 이 순간 쉼 없이 차창 밖을 스쳐 가고 있었다.

그렇게 오늘에서야 그가 제대로 마주하게 된 창밖 풍경은 어쩐지 가면 갈수록 산세가 점점 더 험해졌다.

열차는 드디어 온양온천역을 지나 신창역을 향해 달리고 있었다.

전날 통과했던 바로 그 깜깜한 터널을 지나가는 순간, 성운은 마치 은하가 깜깜한 우주에 홀로 떠 있는 외로운 별처럼 느껴졌다. 하지만 은하는 별이 되지 못한 아이였다. 태어나지 못하는 아이.

현재까지 관측된 은하만 해도 무려 2조 개나 된다는데, 은하는 왜 하필 그 수많은 은하 중에서 '죽어가는 은하'의 원시성이 된 걸까? 지지리 운도 없지.

잠시 후, 종점인 신창역에 도착한 두 사람은 전날 함께 이야기를 나누었던 플랫폼 의자에 다시 앉았다. 이른 시간이라 그런지 어제와 달리 그곳의 햇살은 굉장히 따사로웠다.

게다가 여기저기서 들려오는 새들의 지저귐 역시 하나의 멜로디 같았다. 성운은 아주 잠시 햇살과 멜로디에 생각을 맡겼다.

"나, 아까 뭔가를 깨달았어."

바로 그때 은하가 먼저 둘 사이의 침묵을 깨고 말했다.

"뭔데?"

"우리 아까 온양온천역에서 신창역으로 올 때 터널이 하나 있었잖아?"

"어, 맞아. 거기 긴 터널이 하나 있었지."

"아마도 그 터널을 통과할 때, 플랫폼이 열렸던 것 같아."

"터널에서?"

"생각해 보니 난 어제 신창역 플랫폼에서 널 기다렸던 게 아니야. 터널 안에서 갑자기 눈을 떴고, 잠시 후 내 앞에 있는 출입문이 열려서 일단 내렸어. 그리고 플랫폼의 아무 의자에나 앉았는데, 잠시 후 성운이 네가 나한테 다가온 거야."

"그런 거였어?"

은하는 열차에서 눈을 뜬 순간부터 사람들의 눈에 자기가 전혀 안 보인다는 걸 알 수 있었다. 그런데 한 남학생이 정확히 눈을 맞추며 걸어오는 것을 보고 단번에 그 사람이 자신의 아빠라는 걸 깨달았다.

"게다가 그 터널에서 플랫폼이 열렸다는 건, 어제 그 열차에 엄마와 아빠가 같은 공간에 있었다는 뜻이야."

"뭐? 어제 그 열차에 이루미가 있었다고?"

성운이 펄쩍 뛰며 소리쳤다. 다행히 플랫폼에는 남아있는 승객이 한 명도 없었지만, 은하는 그런 성운이 창피하다는 듯 손바닥으로 이마를 짚은 채, 이어서 말했다.

"그래서 말인데, 다음 주 같은 시간에 다시 한번 열차를 타보는 게 어떨까?"

"아! 그럼, 어제 이루미? 걔한테도 은하 네가 보였을까?"

은하의 두 눈에 아주 잠깐 슬픔이 스쳤다. 금세 표정을 가다듬긴 했지만, 성운은 그 순간을 분명히 목격했다.

"아니, 엄마 눈에는 아마 내가 안 보일 거야. 내 원시성이 핵융합하지 못했다는 건, 엄마가 태어날 때 내가 있는 방향으로 남아있어야 할 궤적이 망가졌다는 뜻이니까…."

성운이 어색하게 은하의 등을 도닥였다. 그리고 동시에 위로랍시고 건넨 시답잖은 그의 농담은 방심했던 은하를 빵 터지게 했다.

"내가 꼭 루미를 구할게. 여전히 비혼주의긴 하지만, 그래도 평생 모솔로 살긴 싫거든."

가산디지털단지역 조기퇴근

다음날 점심시간, 성운은 도덕 선생님에게 동아리 활동
일지를 제출하기 위해 교무실로 갔다. 의자에 등을 기댄 채
마른 하품을 하던 선생님은 성운을 발견하자, 왜 이제야 왔
냐는 표정으로 그를 반겼다.

근래 몇 주 동안 선생님은 월요일 점심마다 성운의 일지
를 애타게 기다리곤 했다. 그의 무료한 월요일을 그나마 기
다리게 하는 게 바로 성운의 '지하철 1호선 독서클럽' 활동
일지였기 때문이다.

"동아리 활동 중 깜빡 조는 바람에 종점까지 갔다고? 자~
알 하는 짓이다!"

"덕분에 이색적인 경험을 할 수 있었어요!"

"온양온천역에서 신창역으로 가는 길에 긴 터널이 있다
는 건 나도 처음 알았네. 잠들었다 깼을 때 진짜 꿈인 줄 알
았겠어."

"게다가 종점에서 운행이 종료된 열차가 들어왔던 방향

으로 다시 새롭게 출발하는데, 그 순간 베르나르 베르베르의 명언이 떠오르더라고요. '애벌레에게 끝인 것이 나비에게는 시작이다.'라는."

선생님에게 열변을 토하던 성운의 머릿속에는 새로운 문장이 맴돌고 있었다.

'별의 끝은 인간에게 시작이다.'

"아무튼 말은 잘한다니까."

선생님은 의자에 등을 기대며 활동 일지를 다시 한번 읽었다.

"그런데 선생님, 저 뭐 하나만 여쭤봐도 돼요?"

"안 돼. 교실로 돌아가."

"아이, 쫌, 쌤!"

"뭔데. 빨리 물어봐."

선생님은 성운을 빨리 교실로 보내버리고 활동 일지를 다시 한번 정독하고 싶은 눈치였다.

"처음에 선생님이 독서 동아리 허락해 주셨을 때 그러셨잖아요. 너는 진짜로 지하철에서 책을 읽을 놈이라고, 그건 무슨 뜻이었어요?"

도덕 선생님은 성운의 질문이 의외라는 듯 손에 들려있던 일지를 책상 위로 내려놓았다.

"그게 궁금했니?"

"사실 학기 초에 자율 동아리 신청서 제출하면서도 이건 될 리가 없다고 생각했거든요."

"될 리가 없다는 걸 아는 놈이 나한테 그 말도 안 되는 신청서를 가져왔어? 어쭈, 태성운! 그날 선생님 앞에서 청산유수로 떠들던 건 다 허풍이었나 보다?"

"아… 아니, 그건 아니고요."

선생님의 턱에는 언제나 수염이 까슬까슬하게 자라 있었다. 그렇다고 해서 막상 수염을 덥수룩하게 기른 것은 아니었으나, 적어도 매일 면도를 하는 것 같지는 않았다.

자세히 살펴보면 심지어 듬성듬성 새치 같은 흰 수염도 자리 잡고 있었다. 턱에 난 수염을 긁적이던 선생님이 성운에게 말했다.

"내가 도덕 교사 생활을 올해로 25년째 하고 있는데 말이지."

"와, 엄청 오래 하셨네요? 제가 태어나기 전부터…."

선생님은 이제야 나의 경력을 알겠냐는 듯 팔짱을 끼며 자못 뿌듯해하는 제스처를 취했다. 그리고 이어서 성운에게 질문했다.

"작년 1학기 중간고사 수행평가 기억하니?"

"뭐였죠? 너무 오래돼서 기억이 잘…."

"'도덕이란 무엇인가'에 대해서 간단하게 써오라고 했는데, 다른 애들은 '친구를 괴롭히지 않는 것', '부모님의 지갑에 손을 대지 않는 것', '남의 물건을 훔치지 않는 것', '단톡방에서 험담하지 않는 것', '커닝하지 않는 것', '불쌍한 사람을 돕는 것', '악플을 달지 않는 것' 등을 써서 제출했는데, 너는 뭐라고 썼는지 알아?"

선생님이 다른 친구들의 수행평가 내용을 줄줄이 읊자, 성운은 그제야 자신의 답변이 머릿속에 떠올랐다.

"평범하게 살기 위해 노력하는 것이요."

"반평생 도덕 교사로 살면서 도덕을 '특별'이 아닌 '평범'이라고 하는 녀석은 네가 처음이었다."

"그게 왜, 동아리랑 무슨 상관이…."

"당연한 걸 당연하다고 생각하는 녀석이니까. 책을 읽겠다고 했으면 책을 읽겠지, 라고 생각했을 뿐이다."

"아!"

"얼른 교실로 돌아가. 너 때문에 화장실도 못 가고 수업에 들어가게 생겼네!"

성운은 선생님의 호통을 뒤로한 채 교무실을 나섰다. 하지만 왠지 기분이 나쁘지는 않았다.

보는 눈이 많은 학교는 그 어떤 공간에서도 은하와 편히 대화를 나눌 수 없을 거라 판단한 성운은 할머니가 있는 집에 그녀를 두고 등교했다. 다소 매정해 보여도 이 같은 결정을 내린 데는 어쩔 수 없는 나름의 이유가 있었다.

궁금한 게 많았던 은하는 하루 종일 성운에게 말을 걸었고, 성운은 그 모든 질문을 철저하게 외면할 자신이 없었다. 얼결에라도 대답해 버린다면, 다시 말해 혼잣말하는 것을 누가 보기라도 한다면, 학교에 흉흉한 소문이 도는 것은 시간문제였다. 은하는 성운의 말에 수긍하며 얌전히 집에서 기다리기로 했다.

하지만 은하는 약속과 다르게 조금도 얌전히 있지 않았다. 집 안의 모든 물건을 꺼내 본 은하는 성운 없이 혼자 있는 시간이 너무 즐거웠다. 성운의 할머니가 집에 있었지만, 어차피 할머니 눈에는 그녀가 보이지 않았다.

은하는 성운이 집을 비운 시간, 작정하고 온 집 안을 마음껏 돌아다녔다.

"다녀왔습니다."

"성운이 왔니? 밥은? 어제 먹다 남은 감자탕 좀 데워 주랴?"

"네, 먹을게요."

할머니가 주방으로 향하자, 성운은 그제야 거실 베란다에서 창밖을 구경 중이던 은하를 발견했다.

은하는 베란다에서 종종 단지 내 사람들을 구경하곤 했는데, 땅바닥에 일률적으로 붙어있는 사람들보다, 이렇게 허공에서 거리를 두고 사람들을 바라보는 게 자신은 마음이 편하다고 했다. 성운은 은하에게 우주에 있었을 때의 습관이 남아있다고 생각했다.

잠시 후 성운이 은하의 등 뒤로 다가가 목소리를 낮추고 말했다.

"방으로."

성운은 자기 방에 있는 컴퓨터를 켠 뒤, 화면에 메모장을 띄워 타자로 은하와 대화를 나누었다. 어차피 은하의 목소리는 할머니에게 들리지 않으므로 성운이 모니터에 타자를 치면, 은하가 대답하는 식으로 두 사람은 대화를 이어나갔다.

– 그럼 루미는 신창역에 사는 중학생인 걸까?

"그걸 모르니까 이번 주 금요일 같은 시간에 다시 1호선 열차를 한번 타보자는 거야."

– 그럼, 이번 주 독서클럽은 한 주 쉬어가야 하나….

"독서클럽은 어차피 지하철에서 모르는 사람끼리 각

자 책만 읽는 거라며? 그건 그냥 하던 대로 하면 되지 않을까?"

ㅡ 그래, 맞아. 일단은 동아리 활동이니까 공지는 예정대로 올리고, 그날 나는 독서하는 척하면서 이루미를 찾아봐야겠다!

그 순간 성운은 하필 오늘 학교에서 선생님께 들었던 칭찬이 떠올라 잠시 부끄러웠다. 하지만 사람의 생명을 구하는 일보다 동아리 활동이 더 중요할 수는 없다고 생각하며 자신을 설득했다.

"성운아."

"네, 할머니. 금방 나갈게요!"

할머니와 식탁에 마주 앉아 감자탕을 먹는 동안, 은하는 거실 소파에 앉아 있었다.

"학교 다니는 건 좀 어떠냐?"

"동아리 활동이 재미있어서 금요일이 가장 기다려져요."

"엄마 아빠가 너만 서울에 두고 내려간 보람이 있구먼. 그래도 고등학교부터는 천안에서 다녀야 하는 거 알제? 할미가 여그서 우리 성운이 돌봐줄 수 있는 건 딱 중3까지만이니께."

"아… 네."

성운은 천안의 남녀공학으로 전학 가는 게 싫어서 이곳에 남았지만, 중학교 졸업 후 고등학교는 남녀공학으로 배정받을 확률이 높았다. 신도림역 인근에는 3개의 고등학교가 있었는데, 안타깝게도 모두 성운이 꺼리는 남녀공학이었다.

성운은 매주 금요일마다 천안으로 내려가지만, 내년부터는 일 년 내내 그곳에서 살아야 한다고 생각하니 어쩐지 마음에 걸렸다.

평생을 대도시에서 살아왔고, 바로 근처에는 대형 쇼핑몰과 백화점이 있었다. 과연 천안의 그 작은 동네에 적응할 수 있을지 걱정도 되었다. 그는 젓가락을 이용해 감자탕 뼈를 쪼개며 이왕이면 중학교 3학년이 천천히 흘러가길 기도했다.

"평택 시내에 아주 오래된 감자탕집이 있는데, 그 집이 맛도 좋고 양이 아주 푸짐혀."

"할머니가 맨날 얘기하는 그 집이 그렇게 맛있어요?"

"맛도 맛이지만 식당 내외가 어찌나 열심히 사는지, 가끔 식당 한구석에서 애들을 재우더라니께."

할머니는 단골 감자탕집을 추억하며 성운의 국그릇에 뼈 하나를 더 얹어주었다. 할머니의 이야기를 가만히 듣고 있던 성운은 자신이 매주 금요일마다 몸을 싣는 1호선 열차의 창밖 풍경에 조그마한 감자탕집을 하나 더해보았다.

금요일 아침, 성운은 일주일 만에 처음으로 은하와 함께 등교했다.

그들이 지난주 금요일에 탔던 열차를 타려면 신도림역에서 3시 4분에 출발하는 신창행 열차를 타야만 하는데, 그 열차는 성운이 5교시 수업을 마치자마자 곧바로 지하철역으로 이동해야 가능했다.

하지만 이곳 지리를 잘 모르는 은하 혼자 집에서 지하철역까지 찾아오는 것은 무리였기에 결국 이날만큼은 두 사람이 함께 등교할 수밖에 없었다.

"나, 너무 설레. 드디어 나도 학교에 가보는 거야?"

"학교에서는 절대 대답 안 할 거야. 너도 돌발 행동하지 마."

"알았어! 걱정하지 마."

은하는 걱정 따윈 붙들어 매라는 식으로 씩씩하게 대답했지만, 성운은 영 마음이 놓이지 않았다.

학교에서 수업하는 동안, 처음에는 은하도 성운의 교실과 복도 주변에서만 서성거렸다. 그런데 2교시가 지나면서 일정 시간 이상 성운의 시야에서 나타났다가 사라지기를 반복했다. 사실 은하는 성운 몰래 학교 전체를 탐방하고 있었다.

은하의 눈에 비친 학교는 자신과 다르게 '태어난 별들'의 집합소였다. 물론 지하철에서 이미 수많은 사람을 마주쳤지만, 그들은 딱 봐도 은하보다 어른들이었다.

하지만 성운의 학교에는 자기 또래 남학생들이 수백 명이나 있었다. 은하는 문득 이렇게 많은 별이 플랫폼을 통과했다고 생각하니 괜히 부러운 마음이 들었다.

지하철에서 읽을 책을 빌리기 위해 점심시간에 교내 도서관으로 향한 성운은 책장에서 청소년 추리소설을 발견했다. 추리물은 읽는 내내 당장 마지막 장을 펼쳐서 결말을 확인하고픈 욕구가 드는 책이다.

하지만 그것을 꾹 참고 끝까지 정독했을 때만 비로소 얻을 수 있는 쾌감이 있어서 성운은 매번 호기심을 억누르며 한 장 한 장 페이지를 넘겼다.

성운이 책으로 손을 뻗으며 오늘의 책은 이걸로 결정해야겠다고 결심한 순간, 멀리서 은하의 목소리가 들려왔다. 어느새 학교 탐방을 마친 은하가 책장과 책장 사이를 오가며 수많은 서적을 둘러보고 있었다.

"성운아, 이거 봐. 이쪽은 전부 우주에 관한 책이야!"

은하를 만나기 전까지는 단 한 번도 눈길조차 주지 않았던 천문학 서적들이 오늘따라 이상하게 성운을 매료시켰다. 조금 전까지만 해도 청소년 추리소설을 빌리겠다고 결심했지만, 어느새 성운은 천문학 섹션에서 오늘 빌릴 책을 고민하고 있었다.

결국 학생용으로 쉽게 쓰인 별의 탄생에 관한 책을 집어들었다. 대충 책장을 넘겨보던 성운은 책의 어느 한 페이지에서 뜻밖의 단어를 발견했다.

별은 성운에서 탄생한다. 우주에서 별이 아닌 분자 구름을 성간 물질이라고 하는데, 성운은 이러한 분자 구름이 상대적으로 높은 밀도로 밀집되어 우리 눈에 보이게 되는 것을 말한다. 그리고 성운은 새로운 별을 생성하는 재료가 된다고 알려져 있다.

성운은 항성계와 행성계의 발달에 중요한 역할을 하는데, 별이 일생 핵융합한 무거운 원소들을 주변에 흩뿌리며, 가벼운 원소들은 다시 별의 재료로 활용되어 새로운 별이 탄생하게 된다. 현재 우리의 태양계도 이러한 성간 물질에서 비롯한 것으로 보이며….

성운은 책에 자기 이름이 나오자 반가움을 금치 못했다. 그동안 자신의 이름은 별다른 특색도 개성도 없는 평범한 이름이라고 생각했다. 그런데 알고 보니 그는 우주에서 가장 중요한 역할을 하고 있었다.

행성과 항성은 '성운'에서 태어난다. 즉 별이 태어나려면 반드시 성운이 있어야 한다는 말이다. 우주적인 측면에서 자신이 은하의 부모라는 게 처음으로 와 닿는 순간이었다.

5교시 수업을 마친 뒤, 교문을 벗어난 성운은 재빨리 무선 이어폰을 귀에 꽂으며 자연스럽게 은하와 대화를 시작했다.

"어젯밤, 평소랑 똑같이 독서클럽 공지도 올렸고, 지금 이대로 가면 안정적으로 3시 4분 열차도 탈 수 있어. 그런데 오늘 진짜로 이루미를 찾을 수 있을까?"

"모르겠어. 그래도 엄마를 찾으려면 일단 타봐야지."

은하 역시 뾰족한 수가 없다는 표정이었다. 성운은 뭐라도 일단 부딪혀 보자는 심정으로, 지하철역으로 향했다.

늦지 않게 플랫폼에 도착 한 두 사람은 예정대로 7-3 승강장 앞에 줄을 섰다. 잠시 후 열차가 들어왔고, 출입문이 열리자 성운과 은하가 비장한 표정으로 열차에 탑승했다.

그런데 하필 이번 열차는 객실 안에 빈자리가 하나도 없었다. 결국 두 사람은 출입문 양옆에 각자 등을 기댄 채 서서 갈 수밖에 없었다.

열차는 구로역을 지나 가산디지털단지역으로 향했다. 출입문에 기대어 가산디지털단지 역사 밖을 내다본 성운은 맞은편 상가의 간판들이 오늘따라 유난히 가깝게 느껴졌다.

저 상가에 있는 사람들은 하루에도 몇 번씩, 무려 수십에서 수백 대의 열차가 이곳을 통과하는 것을 온종일 지켜보았을 것이다. 그렇게 생각하니 상가 외벽의 간판 하나하나가 마치 열차의 승객들에게 인사를 건네는 것 같았다.

가산디지털단지역에서 출입문을 닫고 출발한 열차는 독산, 금천구청, 석수, 관악을 지나 어느새 안양역을 향해 가고 있었다.

안양역에서는 제법 많은 사람이 하차하기 때문에 성운은 어쩌면 다음 역에서는 빈자리가 날 수도 있겠다고 생각했다. 다행히 성운의 예상이 맞았고, 객실 안에는 생각보다 많은 빈자리가 생겼다.

성운은 세 자리가 연속으로 비어 있는 자리에 은하와 함께 다가갔다. 그런데 바로 그때, 은하가 앉으려던 자리에 웬 여성이 다짜고짜 앉아버리는 게 아닌가. 당황한 은하는 얼떨결에 성운의 반대쪽 옆자리에 앉았다. 은하-성운-여성의 순으로 나란히 앉아서 가게 된 것이다.

"독서클럽 글 네가 쓴 거 맞지?"

옆자리에 앉은 여성은 대뜸 성운을 향해 낮은 목소리로 물었다. 그녀는 30대 초반 정도의 직장인 같았다.

"아, SNS 보고 타신 거예요?"

성운은 그녀가 낯이 익은 것 같기도 하고 아닌 것 같기도 했다. 문제는 독서클럽 규정상 서로 아는 척을 해서는 안 된다는 것이다. 그런데 이 여성은 지금 대놓고 규칙을 어기고 있었다.

성운이 한마디하려던 찰나, 그녀가 재빨리 말을 이었다.

"독서클럽 규정은 잘 알고 있어. 난 첫 번째 모임부터 매주 참석했거든."

"아, 그러시구나. 그런데 저기요….."

성운은 규정도 알고 있으면서 굳이 아는 척하는 독서클럽 열혈 멤버의 태도가 상당히 곤란하다고 생각했다. 게다가 그는 독서클럽보다 훨씬 중요한 임무를 가지고 오늘 이 열차에 탑승한 터였다.

하지만 성운의 사정을 알 리 없는 여성은 눈치 없이 하던 이야기를 마저 이어 나갔다.

"일단 들어봐. 우리 회사가 매주 금요일마다 조기퇴근을 시켜줘서 나는 그동안 항상 가산디지털단지역에서 3시 12분에 출발하는 열차를 이용하곤 했어. 아! 참고로 우리 집은 영등포인데, 난 주말마다 남자 친구를 만나러 천안으로 내려가거든."

말을 끊기엔 이미 타이밍을 놓쳐버렸다고 생각한 성운은 애써 태연한 표정으로 일단 상대의 이야기를 경청했다. 하지만 그녀가 왜 자기에게 이런 사적인 이야기를 구구절절 털어놓는지 도무지 이해할 수 없었다.

"내 얘기가 너무 길었지? 수상한 사람이 아니라는 설명을 하려다가 그만…. 그러던 어느 날 갑자기 네 독서클럽 공지 글을 발견했고, 그 뒤로는 나도 책을 챙겨서 이 열차를 타기 시작한 거야."

"그런데 왜 지금 저한테 이런 이야기를 하시는 거예요?"

결국 답답함을 참지 못한 성운은 퉁명스럽게 따지듯 물어버렸다. 여성은 그런 성운의 답답함을 충분히 이해한다는 듯 일단 고개를 끄덕였다.

"본론은 지금부터야. 나도 독서클럽 멤버이다 보니, 다른 참가자가 궁금할 수밖에 없지 않겠어? 오늘은 책을 들고 타는 사람이 나 말고 또 누가 있을지, 뭐 그런 거. 그렇게 네 정체도 대강 눈치채게 된 거고."

성운은 그 말을 듣는 순간, 아주 잠깐이지만 그녀와 작은 공감대가 형성되었다. 자신도 종종 객실 내부를 두리번거렸기에 그녀의 마음을 어느 정도 이해할 수 있었다.

성운은 그제야 상냥하게 그녀의 말을 받아쳤다.

"사실 저도 종종 둘러보긴 했어요."

"아무튼 그러다 보니 진위역에서 매주 어떤 여학생이 타는 걸 보게 되었어."

'여학생'이라는 단어에 은하가 갑자기 고개를 획 돌렸다. 성운이 낯선 사람에게 시달리는 동안 줄곧 두 사람의 대화를 외면하고 있던 은하였다.

"그 학생도 책을 들고 있었어. 중학생쯤 되어 보였는데… 아무튼 그 학생은 항상 진위역에서 탑승해서 서정리역에서 내리곤 했거든? 그런데 거리가 고작 두 정거장이라 이게 독서클럽 멤버인지 아닌지, 나도 헷갈리는 거야."

성운도 그녀의 말에 동의한다는 듯 가볍게 고개를 끄덕였다.

"그런데 쭉 지켜보니 어떤 남자도 매번 서정리역에서 그 아이와 함께 내리는데, 처음에는 그냥 방향이 같은 사람이려니 했어."

139

"그런데요?"

어느새 성운과 은하 모두 그녀의 다음 이야기를 기다리고 있었다. 그 사이 객실은 점점 더 빈자리가 늘어났고, 두 사람의 주변에는 꾸벅꾸벅 졸거나 이어폰을 꽂고 있는 승객만 남아있었다.

"너 지난주에 졸다가 내려야 할 역 지나쳤지?"

"맞아요! 저 그날 깜빡 잠들어서 종점까지 갔어요."

"너 성환역 살잖아. 난 천안역에서 내리니까 항상 너보다 세 정거장 다음에 내리거든."

"그렇겠네요."

"중요한 건 그날, 그 여학생도 깜빡 잠이 들었어."

성운이 은하와 동시에 눈이 마주쳤다.

지난주 금요일 터널에서 플랫폼이 열릴 때 이루미가 1호선에 함께 있었다면, 지금 이 여성이 말하는 여학생은 은하의 엄마일 가능성이 크다.

"내가 오늘 너한테 말을 건 이유는 혹시 독서클럽 주인장은 참석자들 연락처 같은 걸 알고 있나 해서야."

"전혀요. 공지 글 보면 아시겠지만, 그냥 그게 다예요. 전 아주머니 연락처도 모르잖아요."

"아주머니라니, 충격이야. 나 이제 30대 초반인데…."

"죄… 죄송해요! 그보다 연락처는 왜요?"

아무 생각 없이 튀어나온 아주머니라는 호칭에 미안한 마음이 든 성운은 사과와 함께 재빨리 대화의 화제를 바꾸었다.

"사실은 매번 서정리역에서 내리던 그 남자가 지난주에는 내리지 않았어. 나는 천안역에서 내려야 해서 이후의 상황은 잘 모르지만, 그날 내가 내릴 때까지 너와 그 여학생, 그리고 수상한 남자가 모두 1호선 열차 7번 칸에 있었어. 심지어 그 남자는 졸지도 않았는데 말이야."

아마 지난주 금요일, 성운이 종점인 신창역에서 은하를 발견하던 바로 그때 이루미와 수상한 남자 역시 신창역 플랫폼에 발을 내디뎠을 것이다. 그 같은 사실을 떠올리는 순간, 성운은 온몸에 소름이 돋았다.

잠시 후 그녀가 출입문을 보며 말했다.

"다음 역이 진위역이야. 이제 곧 그 아이가 탈 거야."

성운과 은하는 동시에 마른침을 삼켰다. 잠시 후면 두 사람이 애타게 찾던 이루미가 모습을 드러낼 것이다.

열차 출입문이 열립니다.

진위역에 도착한 열차가 일제히 출입문을 열었다. 몇 명의 사람이 내리고, 또 몇 명의 사람들이 탑승했다. 성운과 은하는 재빨리 승객들을 하나하나 스캔했다. 아니나 다를까, 7-1 승강장에서 교복을 입은 여학생이 한 손에 책을 든 채 탑승했다.

두 사람은, 아니 세 사람은 숨죽이며 그 아이를 바라보았다. 그리고 잠시 후 무언가 깨달은 듯한 은하가 여학생에게 다가가 주변을 서성이다 상기된 얼굴로 돌아왔다.

"교복 이름표에 이루미라고 쓰여 있어. 드디어 엄마를 찾았어!"

"뭐? 정말이야?"

성운이 은하에게 대답하는 순간, 여성이 이상한 눈으로 성운을 쳐다보았다.

"갑자기 무슨 소리야?"

"죄송해요. 혼잣말이에요, 혼잣말. 그보다 아주머니, 아니 누나가 말한 수상한 남자는 어디 있어요?"

여성이 검지를 입술에 가져다 대며 무언의 호들갑을 떨었다. 그리고 정확히 성운에게만 들릴 정도로 목소리를 낮추어 대답했다.

"조용히 해. 그 남자는 아까부터 이 열차 안에 계속 같이 있었으니까."

성운은 갑자기 등골이 서늘해졌다. 여성의 대답 때문이 아니라, 아까부터 은하가 어떤 남자 승객 앞에서 그를 죽일 듯이 노려보고 있었기 때문이다.

성운이 매주 7-3 승강장에서 탑승할 때 여성은 주로 7-2 승강장에서 탑승했다. 그리고 여학생은 주로 7-1 또는 7-2 에서 탑승했다고 한다.

은하가 노려보고 있는 수상한 남자는 현재 7-1 승강장 쪽 좌석에서 여학생을 힐끔거리고 있었다.

그가 어디서 탑승했는지는 여성도 잘 모르겠다고 했다.

"그냥 어느새 보면 7번 칸에 타고 있고, 내릴 땐 항상 서 정리역이었어. 지난주만 빼고."

열차는 순식간에 송탄역을 지나 서정리역으로 향했다. 그리고 잠시 후 열차가 서정리역에 정차하자 여학생을 따 라 수상한 남자도 함께 내렸다.

성운이 재빨리 그 여학생을 뒤따르려고 하자, 은하가 말 했다.

"오늘은 아니야. 이번 달 마지막 주 금요일이니까 아직 은 시간이 남아있어. 지금 쫓아가면 오히려 일을 그르칠 수 도 있어."

은하의 목소리가 들릴 리 없는 여성이 마치 은하와 합세하듯 성운을 뜯어말렸다.

　"어설프게 미행했다가 오히려 저 남자한테 우리의 존재를 들키면 여학생이 더욱 위험해질 거야. 좀 더 상황을 지켜보자."

　잠시 후, 출입문이 닫히자 성운도 체념한 듯 좌석에 털썩 주저앉았다. 그는 방금 자신의 인생에서 가장 중요한 두 사람을 눈앞에서 놓치고 말았다.

　"경찰에 신고해야 하는 거 아니에요?"

　수상한 남자를 자기 두 눈으로 직접 목격한 성운은 분노가 치밀어올랐다. 들끓는 분노를 제어하지 못한 채 성운이 흥분하며 따지자, 도리어 여성은 차분하게 대답했다.

　"네가 아직 어려서 잘 모르는구나. 우리나라 경찰이 얼마나 소극적인 줄 아니? 심증만으로, 심지어 아직 사건이 발생하지도 않았는데 우리 얘기를 들어줄 것 같니?"

　"……."

　"게다가 경찰이 애매하게 들쑤셔서 오히려 피해자가 위험해지는 경우도 부지기수야. 나는 네가 연락처를 알면 그 아이에게 몰래 지금 상황을 알려주려고 했던 거였어. 열차에서 내가 직접 그 아이에게 다가가면 그 남자는 즉시 알게 될 테고, 조바심에 무슨 짓을 저지를지 모르니까."

성운은 먼발치에서 바라본 여학생의 모습이 줄곧 머릿속에 떠올랐다.

이루미. 미래에 자신의 아내가 될지도 모르는 아이, 그리고 은하의 엄마가 될지도 모르는 사람. 하지만 15세를 넘기지 못하는 소녀.

마음 같아서는 당장이라도 그 남자를 쫓아가 무슨 짓이든 하고 싶었지만, 현실은 고작 열다섯 살의 중3 남자애였다. 사회적으로도 힘으로도 그 아이를 지킬 수 없다는 것쯤은 이미 스스로 잘 알고 있었다.

"그런데 어쩌면 이 모든 게 내 오지랖일지도 몰라. 정말로 방향이 같은 사람일 수도 있고."

"그 사람, 지난주에는 서정리역에서 내리지 않았다면서요."

루미의 죽음을 알고 있는 성운으로서는 이 모든 상황이 몹시 위험하고 심각해 보였지만, 일반인의 눈에는 충분히 우연으로 치부될 수 있는 상황이었다. 하지만 여성의 말대로 이 정도 증언으로는 경찰이 사건 접수조차 받아주지 않을 게 뻔했다.

어느새 성환역에 도착한 열차는 안내 방송으로 성운이 이제 그만 1호선에서 내려야 한다는 사실을 알려주었다. 성운은 여성과 인사를 나눈 뒤, 출입문으로 발걸음을 옮겼다.

"학생, 내 이름은 한지애야!"

"어, 어… 저는 태성운이에요!"

"다음 주에 또 만나자!"

"네! 조심히 가세요."

플랫폼에 서 있던 성운과 은하는 지애를 향해 나란히 손을 흔들었다.

세마역 은퇴 노인

성환역에서 내린 성운은 바로 계단으로 올라가지 않고 플랫폼 의자에 앉아 방법을 생각했다.

2주 후 금요일엔 진짜로 이루미가 위험하다. 하지만 그 사이에 무엇을 할 수 있을까? 은하와 지애의 말대로 지금 당장 특별한 행동을 취하는 것은 위험하다. 무엇보다 수상한 남자의 정체를 모르는 상태에서는 아무것도 할 수 없었다.

"아마 진위역 근처에 있는 중학교 학생일 것 같은데, 월요일에 당장 학교에 찾아가서 이 사실을 알리면 어떨까?"

한참을 골몰히 생각하던 성운이 대뜸 은하에게 묻자, 은하는 좋은 생각이 아니라고 답했다.

"그런 말을 하는 성운이 너를 더 수상하게 생각할 것 같아. 심지어 엄마 학교까지 찾아간다고?"

"그럼, 지애 누나한테 부탁해 보면?"

"그 언니는 자신이 예민한 걸 수도 있다고 생각하는 것 같던데…"

"으악! 위험하다는 걸 뻔히 아는데, 아무것도 할 수 없다니…."

성운의 비명에 은하가 자리에서 벌떡 일어나 계단을 향해 걸어갔다. 성운은 갑작스러운 자기 행동 때문에 은하가 자리를 피하는 건가 싶었다. 하지만 그의 예상과 달리 계단 앞에서 잠시 걸음을 멈추어 선 은하가 고개를 홱 돌리며 답답하다는 듯 말했다.

"할머니 걱정하시잖아. 지난주에도 혼나지 않았어?"

"아! 맞다, 그랬지."

은하의 호통에 정신이 번쩍 든 성운은 황급히 의자에서 몸을 일으켰다. 그 역시 2주 연속 엄마를 걱정시킬 순 없다고 생각했다. 다시 외출하더라도 일단은 집으로 가서 엄마한테 눈도장을 먼저 찍어야 한다.

은하는 두 번째 방문하는 성환역에 이미 익숙해진 것 같았다. 사실 어딜 가던 그녀는 성운보다 적응이 빨랐다. 낯선 장소를 당황해하지도 않았고, 기본적으로 호기심이 왕성해 보였다.

성운은 자기와 닮은 구석이 하나도 없는 은하를 보며, 어쩌면 이루미가 이런 성격이 아닐까, 추측해 보았다.

잠시 후, 집에 도착한 성운이 다짜고짜 엄마에게 물었다.

"엄마! 난 누구 닮았어?"

"집에 오자마자 갑자기? 먼저 화장실에서 손부터 씻고 오지 그러니?"

"아, 응…."

성운은 화장실에 들어가 재빨리 손을 씻은 뒤 다시 거실 소파에 앉아 책을 읽던 엄마에게 물었다.

"난 누구 닮았냐니까?"

은하도 함께 소파에 앉아 두 사람의 대화를 흥미롭게 지켜보았다.

"책 읽는 거 좋아하는 건 엄마 닮았고, 엉뚱한 건 아빠를 닮았지."

"아빠도 책 읽는 거 좋아했다고 하지 않았나?"

"아빠는 미성년자 시절 이후로 책을 완전히 끊은 사람이야. 아니, 세상에 끊을 게 없어서 책을 끊어?"

엄마가 갑자기 흥분하며 대답했다. 성운은 이게 아닌데, 싶었으나 이미 엄마를 말릴 타이밍을 놓쳐버렸다.

"엄마는 처음에 네 아빠가 진중하고 과묵한 사람인 줄 알았어. 그런데 살다 보니 너무나 대책 없고, 헛똑똑이인 거야! 처음엔 사기 결혼 당한 줄 알았지, 뭐니?"

"엄마가 말하는 처음은 언제를 말하는 거야?"

지난날 아빠와 함께 앨범을 보며, 부모님의 대략적인 러브스토리를 처음으로 들었던 성운은 엄마가 지금 말하는 아빠와의 첫 만남이 대천 앞바다를 이야기하는 것인지, 구로디지털단지역 2번 출구를 말하는 것인지 궁금했다.

"아, 엄마가 말하는 첫 만남은 열아홉 살 때를 이야기하는 거야."

그 순간 성운의 머릿속에 아빠가 보여준 앨범 속 젊은 시절 엄마의 얼굴이 떠올랐다.

"대천에서 네 아빠 처음 만났을 때… 사촌오빠 친구 두 명은 엄마한테 계속 말을 거는데, 아빠는 엄마한테 말 한마디를 안 붙이는 거야. 처음에는 엄마가 거기 간 게 불편한 줄 알았어."

"아빠가 먼저 엄마한테 첫눈에 반한 거 아니었어?"

"말은 그렇게 하는데, 그때 아빠 표정을 성운이 네가 봐야 했는데…."

엄마가 갑자기 얼굴을 쭉 내밀며 뚱한 표정을 지어 보였다.

"태어나기도 전인데 아빠 표정을 내가 무슨 수로 봐."

성운의 혼잣말 같은 대답을 들은 은하가 옆에서 계속 히 죽거렸다. 자신은 지금 태어나기 전 아빠의 표정을 바로 옆에서 아주 생생하게 지켜보고 있다는 것을 과시하듯.

"아무튼 딱 이런 얼굴로 술은 한 잔도 안 마시면서 밤새 자리만 지키고 있는 거야!"

"아빠는 도대체 왜 그랬을까?"

"좋아서 그랬단다. 좋아서! 어이구 참….'

그렇게 외친 엄마의 얼굴이 갑자기 수줍게 붉어졌다. 순간 성운은 "아, 뭐야!"를 외치며 방으로 들어가 버렸다. 엄마는 슬슬 저녁 준비나 해야겠다며 콧노래를 흥얼거렸다.

"그런데 엄마는 혹시 SNS 같은 거 안 하나?"

성운의 엄마가 저녁 준비하는 동안 방에서 뒹굴뒹굴하던 성운에게 은하가 대뜸 물었다.

성운은 양 눈썹을 치켜올리며 마치 은하가 엄청난 발견이라도 한 것처럼 대견한 표정을 지어 보였다. 그리고 휴대전화로 SNS 검색창에 '이루미' 세 글자를 입력했다.

"지구에 온 지 일주일밖에 안 된 애가 그런 건 또 어떻게 알았대?"

"오늘 학교 돌아다니면서 보니까 전부 그것만 하던데?"

"아, 하긴. 쉬는 시간이나 점심시간 내내 그것만 붙들고 사는 애들 많지.”

“성운이 네가 운영하는 지하철 독서클럽도 SNS 아냐?”

“아, 그러네.”

성운이 머쓱하게 머리를 긁적였다. 이래서 부모가 먼저 모범이 되어야 한다는 건가, 라고 생각했다.

이루미는 독특한 이름이다 보니 다행히 동명이인이 그리 많지는 않았다. 성운은 맨 위에 있는 이름부터 한 명씩 차근차근 순서대로 클릭했다. 하지만 아쉽게도 여중생 이루미는 찾을 수 없었다.

“네 엄마는 이런 거 안 하나 봐.”

“그럼, 지하철 독서클럽은 어떻게 알고 탄 거야?”

“독서클럽 멤버가 아닐 수도 있지. 이거, 이거, 생각보다 지하철에서 책 읽는 사람이 많은데?”

성운이 자조하듯 말하자 거실에 있던 엄마의 목소리가 들려왔다.

“누구랑 통화 중이니?”

“지… 지석이!”

성운과 은하는 침묵 속에서 서로의 얼굴을 빤히 바라보며 동시에 웃음을 터뜨렸다.

별다른 성과도 없이 일주일이 흘렀다. 하지만 성운과 은하의 각오는 남달랐다. 오늘은 가산디지털단지역에서 조기퇴근하는 지애와 진위역에서 하교하는 이루미를 일주일 만에 다시 만날 수 있는 날이다.

"오늘도 다시 이곳에 서는군."

신도림역 7-3 승강장에 줄을 선 성운이 비장하게 말했다. 은하는 그런 성운이 창피하다는 듯 멀찌감치 떨어져서 서 있었다. 이유 없이 부모가 창피한 건 인간이나 원시성이나 매한가지일지도 모른다.

"가까이 좀 와봐! 가산디지털단지역부터는 지애 누나가 탑승할 거니까 그전에 미리 대화를 마무리해두자."

"그럼, 난 오늘 수상한 남자가 정확히 어디서 탑승하는지 역마다 체크할게!"

"인상착의나 그런 것도 좀 자세히 확인해 줘."

"알겠어, 나만 믿어!"

성운은 문득 동급생처럼 보이지만, 그래도 일단은 딸인 은하에게 너무 위험한 일을 시킨다는 생각이 들어 갑자기 마음이 불편해졌다.

"혹시 위험할 것 같으면 곧장 나한테 와."

"내가 위험할 게 뭐가 있어? 다른 사람한테는 보이지도 않는데."

"그래도 물리적인 위험에는 소멸할 수 있다며."

은하는 성운의 대답을 듣는 둥 마는 둥 하며 여전히 승객들 주변을 얼쩡거렸다. 철부지 자식을 보는 게 이런 기분인가, 성운은 부모님의 마음을 아주 잠깐 이해할 수 있었다.

출입문이 열리고, 빈자리에 앉은 성운은 일단 평소와 같이 책을 펼쳐 들었다. 모든 것이 지난주와 같아야 한다. 조금이라도 다른 변수가 있으면 수상한 남자가 곧바로 눈치를 챌지도 모르기 때문이다.

문제는 오늘 성운의 눈에 글자가 전혀 들어오지 않는다는 거였다. 그는 애꿎은 책장만 넘기며 안내 방송에 귀를 기울였다.

이번 역은 가산디지털단지역입니다.

가산디지털단지역이 가까워지자, 성운은 고개를 들어 7-2 승강장을 주시했다. 곧 지애가 열차에 탑승했고, 자연스럽게 성운의 앞자리에 섰다. 객실 손잡이를 잡고 선 지애가 성운에게 은밀하게 눈인사를 건넸다.

열차에 승객이 너무 많아서 수상한 남자 이야기를 나누기에는 부적절하다고 판단한 두 사람은 빈자리가 날 때까지 일단 말을 아꼈다.

독산역을 지나 금천구청, 석수, 관악역에 이르러서야 빈자리가 생겼다. 지애는 그 순간을 놓치지 않고 재빨리 성운의 옆자리를 꿰찼다. 자리에 앉은 지애가 가볍게 숨을 고르자 성운이 소곤거리듯 목소리를 낮추고 말했다.

"아직 수상한 남자는 타지 않은 것 같아요."

"만약 오늘도 그 남자가 여학생을 따라 내리면 이번에는 내가 그냥 신고하려고."

"예? 갑자기요?"

지난주까지만 해도 우연의 일치일지도 모른다며 한풀 접었던 지애가 웬일로 오늘은 단호하게 말했다.

그녀는 최근 뉴스에 여대생 강간 미수 사건이 보도되는 것을 보면서, 이상한 사람 취급을 받더라도 이대로 두고만 볼 수는 없다고 했다.

"남자 친구한테 얘기했더니, 제발 쓸데없는 행동 좀 하지 말라면서 날 한심하게 쳐다보는 거야. 순간 울컥하더라고. 그 사람, 평소에도 내 오지랖을 못마땅해하긴 했는데… 무고한 소녀가 위험할지도 모르는 상황을 두고 너랑 상관도 없는 사람을 왜 신경 쓰냐며 정색하는 걸 보니까 오히려 정신이 번쩍 들더라."

지애의 성토를 듣는 동안 성운은 은하를 처음 만났던 날, 자신이 내뱉었던 말이 고스란히 떠올라 어쩐지 마음이 불편했다. 다행히 은하는 객실 내부를 둘러보느라 지애의 말을 듣지 못했다.

한참을 객실 안 승객들을 살펴보던 은하가 잠시 후 성운에게 다가와 상황을 전달했다.

"아직은 타지 않았어. 안 보여."

금정, 군포, 당정, 의왕, 성균관대, 화서, 수원역까지도 수상한 남자는 여전히 열차에 탑승하지 않았다.

객실은 어느새 승객이 줄어들어 서 있는 사람이 거의 없는 상황이었다. 저 멀리 책을 읽고 있는 승객이 한 명 보이자, 성운은 이내 양심에 찔렸다. 자신은 이미 방치해 버린 독서클럽이 지금, 이 순간에도 구성원들에 의해 정상적으로 돌아가고 있었다.

그런데도 버젓이 예고된 범죄를 차마 외면할 수 없었던 성운은 독서클럽은 잠시 접어둔 채 눈에 불을 켜고 주변을 두리번거리며 수상한 남자를 찾기 시작했다.

잠시 후, 세마역에서 노인 한 명이 손에 책을 들고 탑승했다.

"이상한데…"

"뭐가요?"

"내 기억에 병점이나 세마역에는 그 남자가 항상 있었거든?"

어느새 은하도 성운의 곁으로 다가와 있었다. 그녀는 지애의 말에 수긍한다는 듯 객실 상황을 성운에게 설명했다.

"없어. 혹시 몰라서 내가 6번 칸이랑 8번 칸도 가보았는데 그 남자가 보이질 않아."

성운은 자리에서 벌떡 일어나 대놓고 주변을 훑어보았다. 은하의 말대로 지난주의 그 남자는 어디에도 없었다.

이번 역은 오산대역입니다.

이번 역은 오산역입니다.

이번 역은 진위역입니다.

진위역 7-1 승강장에서 이루미가 탑승했다.

성운과 지애는 먼발치에서 루미를 지켜보았다. 어딘가에서 복장을 바꾼 수상한 남자가 지켜보고 있을까 봐 차마 루미에게는 접근하지도 못했다. 이러한 사실을 알 리 없는 루미는 너무나 태연하게 책을 읽고 있었다. 고작 두 정거장 가면서 책을 읽는 소녀, 성운은 루미가 읽는 책이 궁금해졌다.

"논술학원 책이던데? 성운이 네 말대로 독서클럽 멤버는 아닌가 봐."

은하가 대뜸 성운의 옆자리에 앉으며 말했다. 순간 그는 은하에게 자기 마음을 들킨 것 같아 얼굴이 빨개졌다.

"괜찮아? 너 열나는 거 아니야?"

"그… 그보다 저 친구 지금 내리는데, 따라가야 하는 거 아닐까요? 전 일단 내릴래요."

이번 역은 서정리역입니다. 내리실 문은….

루미가 서정리역에서 7-1 승강장으로 내리는 것을 확인한 성운은 잽싸게 7-3 승강장으로 뛰쳐나갔다. 지애 역시 얼떨결에 성운을 따라나섰다.

그런데 바로 그때 세마역에서 책을 들고 탑승했던 노인이 따라 내리며 두 사람을 붙잡았다.

"저기, 혹시 지하철 독서클럽 멤버들인가요?"

"예? 저희 규정상 서로 아는 체….."

하필 이 순간에 자신을 붙든 독서클럽 노인이 원망스러웠던 성운이 짜증을 내며 말했다.

"지금 저 여학생을 쫓고 있는 거죠?"

성운과 지애는 깜짝 놀라서 발걸음을 멈추고 노인을 쳐다보았다.

"그걸 어떻게….."

"그런데 오늘은 강치수가 이 열차를 타지 않았어요."

"강… 치수요?"

성운은 강치수란 이름을 방금 처음 들었지만, 그것이 루미를 미행하는 수상한 남자의 이름이라는 걸 즉시 깨달았다.

"그 아저씨 이름이 강치수예요?"

"아마도 맞을 겁니다."

"어르신은 정체가 뭐죠?"

지애가 갑자기 끼어든 노인에게 물었다. 그녀는 재빨리 성운을 자신의 몸 뒤로 숨겼다. 적어도 미성년자인 성운만큼은 자기가 지켜야 한다고 생각하는 것 같았다.

노인은 머리 전체가 회색이었으나 숱이 풍성했고, 얼굴에는 미간과 팔자에 깊은 주름이 있었다.

베이지색 항공 점퍼에 코듀로이 바지를 입고 있었는데, 전체적인 옷매무새가 제법 단정했다. 나이는 60대 중반 정도로 보였으며, 등과 어깨가 곧고 단정한 것으로 보아 젊어서 제법 몸 쓰는 일을 했던 사람 같았다.

"SNS 공지 글을 보고 지난주부터 지하철 독서클럽에 참가한 사람입니다."

"그런데요?"

지애가 여전히 경계를 늦추지 않은 채 그에게 되물었다. 노인은 지애의 경계를 풀어줄 생각으로 먼저 자신의 신분부터 밝혔다.

"사실 저는 몇 년 전에 은퇴한 은퇴 경찰입니다. 그런데 직업병이라고 해야 할까, 여전히 현상수배범 전단을 보면 몽타주를 외우는 습관이 남아있어요. 지난주 이 열차에서 강치수 닮은 사람을 본 것 같더군요. 모자를 깊게 눌러쓰고 있어서 확실하지는 않지만⋯."

"강치수가 누군데요?"

"얼마 전 뉴스에 나왔던 여대생 강간 미수 사건 혹시 들어봤나요?"

"세상에! 저도 봤어요, 그 뉴스!"

지애가 두 손으로 입을 가리며 비명을 지르듯 대답했다.

뉴스 내용을 모르는 성운과 은하는 일단 노인의 다음 말을 기다렸다.

"강치수 이 녀석이 워낙 신출귀몰해서 아직도 잡히지 않았는데, 지난주에 열차에서 닮은 사람을 목격한 후 계속 마음에 걸려 오늘 한 번 더 확인하려고 일부러 같은 열차에 타봤습니다. 그런데 오늘은 보이질 않더군요."

"뉴스에 나와서 몸을 사리는 게 아닐까요? 여대생 사건 범인, 아직 잡히지 않았잖아요."

"그럴 수도 있겠네요. 아무튼 여러분이 저 여학생을 계속 지켜보는 것을 보고 강치수의 존재도 이미 알고 있는 것 같아 이렇게 학생과 아가씨를 붙들게 되었습니다."

"그렇게 위험한 사람의 표적이 되었다면, 경찰이 신변 보호 같은 거라도 해줘야 하는 거 아니에요?"

성운이 노인에게 따지듯 되물었다. 자신과 은하는 강치수의 미래를 정확히 알고 있었다. 그는 분명히 다음 주 금요일, 루미에게 위해를 가할 것이다.

미래를 바꾸려면 뭐든 해야 하는데, 범인을 알고도 할 수 있는 게 아무것도 없는 지금의 상황이 답답해 미칠 지경이었다.

노인은 성운의 분노를 이해한다는 듯 어깨를 쓰다듬으

며 그를 진정시켰다.

"뉴스가 나간 이후로 강치수 목격 제보가 전국에서 하루에도 수백 건씩 쏟아지고 있을 겁니다. 아마 이 정도 제보로는 귀담아들어 주지도 않을 거예요."

"할아버지 경찰이었다면서요! 할아버지가 얘기하면 경찰도 들어주지 않을까요?"

성운이 떼를 쓰며 말했다.

"은퇴한 경찰만큼 뒷방 노인네 취급받는 사람도 없지요. 후배 경찰한테 연락해 보아도 은퇴했으면 그만 쉬라느니, 이쪽으로는 더 이상 관심 두지 말라는 대답만 들었습니다."

"그럼, 이제 어떻게 해야 하는 거예요?"

"아까 그 여학생에게 알리려고 했던 것 같은데, 내 생각엔 그러지 않는 게 좋을 것 같네요. 갑자기 부자연스러울 정도로 행동이 위축되고, 주변을 두리번거리게 되면 강치수도 금방 눈치를 챌 겁니다. 오랜 시간 그 아이를 미행했을 테니까요."

"저는 지난주에 이 학생을 통해 연락처를 알아내어 그 친구한테 알려주려고 했는데, 그게 더 위험한 행동이었군요."

"이 친구가 아까 그 학생 번호를 알고 있어요?"

"아니요. 전 그냥 SNS에 독서클럽 공지 글만 올렸던 거라…."

노인의 눈이 똥그래졌다. 동시에 당황스럽다는 얼굴로 성운을 위아래로 훑어보았다. 성운은 갑자기 자신을 훑어보는 이유를 알지 못해 도리어 당황스러웠다.

"그게 학생이 올린 글이었어요? 세상에, 나는 학생도 그냥 참석자인 줄만 알았는데…. 아가씨가 올린 글이 아니었고?"

노인은 어쩐지 배신이라도 당한 듯한 표정으로 이번에는 지애와 성운을 번갈아 쳐다보았다. 지애는 양쪽 어깨를 으쓱이며, 성운에게 책임을 넘겼다.

당황한 성운이 콧방귀를 뀌며 대답했다.

"미성년자는 뭐, 번개 글 올리지 말란 법 있어요?"

서정리역 플랫폼 의자에 나란히 앉은 세 사람은 어떻게 하면 여학생을 도울 수 있을지 서로 머리를 맞대었다. 일단은 경찰에 알리자는 의견과 차라리 본인에게 알리자는 의견으로 나뉘었으나, 두 가지 방법 모두 백 프로 안전한 방법은 아니었다.

성운은 결코 루미의 운명을 애매한 확률에 맡길 순 없었다. 결국 별다른 진전도 없이 이러지도, 저러지도 못하고 있는데, 줄곧 세 사람 앞을 왔다 갔다 얼쩡거리기만 하던 은하가 성운에게 말했다.

"성운아, 그냥 이 사람들한테 도와달라고 하면 안 돼?"

"무슨 수로?"

"응? 뭐가?"

성운이 허공에 대고 말하자 그것을 의아하게 생각한 지애가 얼떨결에 대답했다.

"아, 아니… 그게 아니라…."

성운은 은하의 말대로 독서클럽 멤버들에게 아는 걸 전부 털어놓은 다음 도움을 청해보는 건 어떨지 생각했다. 그래도 어른들이지 않은가. 그는 일단 아무 말이나 질러본 다음 두 사람의 반응에 따라 결정하기로 했다.

"저, 사실 미래를 알고 있어요."

"나도 안다."

노인의 대답에 성운이 깜짝 놀라 쳐다보았다. 어느새 노인은 성운에게 자연스럽게 반말을 하고 있었다.

"강치수 이 녀석은 반드시 사고를 칠 놈이야."

"아오, 그런 거 말고요!"

"그럼, 뭐 신내림 같은 거야?"

살짝 비웃는 듯한 지애의 물음에 성운은 하필 머릿속에 신도림역이 떠올랐다. 신도림과 신내림은 글자 하나 차이인데도 느낌이 전혀 달랐다.

"그… 뭐 비슷한 거라고 생각하시면 돼요."

죽어가는 은하에서 태어나지 못한 딸아이가 플랫폼을 타고 와서 엄마를 살려달라고 한다는 설명보다는 신내림이 훨씬 과학적이었다.

"강치수는 아마 다음 주 금요일에 저 여학생을 해칠 거예요."

"확실해? 네가 그걸 어떻게 알아?"

지애가 여전히 수상하다는 표정으로 되묻자, 성운은 일부러 무게를 잡으며 난감하다는 듯 깊은 한숨을 내쉬었다.

"두 분 다 아까 그 친구를 돕고 싶은 거잖아요. 그래서 이렇게 계속 지켜본 거 아니에요?"

"그렇긴 한데…."

"그럼, 제발 제 말을 믿고 한 번만 좀 도와주세요. 다음 주 금요일에 다시 1호선에서 만나, 그날은 우리가 그 여학생을 끝까지 지켜주는 거예요."

"학생, 그거 진짜 확실한 건가?"

노인이 예리한 경찰의 눈으로 물었다. 그는 수십 년간 다져진 오감으로 성운을 판단하고 있었다. 그의 판단에 적어도 성운의 말은 거짓말 같지 않았다.

"확실해요."

"그럼, 나도 그날 후배 경찰한테 어떻게든 도움을 요청해 보지."

"근데 저기, 누나가 쿨하게 믿어주지 못해서 미안한데 신내림 받은 거 혹시 증명할 수 있어? 내가 좀 의심이 많거든."

성운은 지애의 의심도 충분히 이해할 수 있었다. 처지를 바꿔서 그런 헛소리는 자신이라도 믿지 않았을 테니 말이다.

하지만 여기서 별의 생과 사라던가 우주의 이치 같은 걸 설명하면 그의 말은 더욱 신뢰를 잃게 될 것이다. 성운은 이왕이면 그나마 합리적이면서도 안전한 방법을 선택했다.

"정확히 말해서 신내림은 아니고요. 음, 이를테면 누나 등 뒤로 가위바위보 한번 해볼래요? 제가 그걸 맞출게요."

"그런 게 가능해? 그럼, 한번 맞춰 봐!"

지애가 의자에서 일어나 성운 앞에 서서 재빨리 오른손

을 등 뒤로 숨겼다.

성운이 미간을 찌푸리며 무언가 계시받는 듯한 시늉을 하자, 노인도 그것을 흥미롭게 지켜보았다.

곧 성운이 표정을 풀고 지애에게 대답했다.

"가위바위보 하라니까 왜 따봉을 하고 있어요?"

은하가 지애의 등 뒤에서 키득거리고 있었다.

진위역 하굣길

"태성운! 너, 지금 2주째 동아리 활동 일지 제출 안 한 거 알고 있지?"

성운을 발견한 도덕 선생님이 복도 끝에서 큰 소리로 외쳤다. 선생님의 호통은 괘씸함에 혼을 낸다는 느낌보다, 요새 도대체 뭐 하고 다니냐는 뉘앙스에 가까웠다.

"쓰고 있어요! 근데 이번에는 시리즈물이라 다음 주에 밀린 거까지 한꺼번에 제출할게요!"

"이 녀석아, 너 이러라고 내가 동아리 승인해 준 줄 알아?"

성운은 도덕 선생님의 잔소리를 뒤로한 채 지석과 함께 매점으로 도망쳤다. 성운이 2주째 도덕 선생님에게 동아리 활동 일지를 제출하지 못하는 데는 그럴만한 이유가 있었다.

지난 금요일, 성운은 서정리역에서 지하철 독서클럽 멤

버들에게 미친 척 자기가 알고 있는 사실을 공유했다. 은퇴 경찰이었던 노인은 형사로서의 어떤 촉 때문인지, 성운을 일단 믿는 눈치였다. 하지만 지애는 헤어질 때까지 성운을 향한 의심을 거두지 못했다.

"미래를 알 수 있으면 이번 주 로또 번호 같은 것도 알 수 있어?"

"오늘 당장 제가 먹게 될 우리 집 저녁 메뉴도 몰라요. 그냥 강치수라는 사람이 다음 주에 저 학생을 해친다는 것만 들었어요."

"누구한테 들었어? 막 목소리가 들리는 거야? 아니면 지금 옆에 할머니 같은 분이 계시니?"

나중에는 지애가 의심이 많은 건지 호기심이 많은 건지 헷갈릴 지경이었다. 그녀가 이것저것 추궁하는 바람에 얼떨결에 말실수도 할 뻔했지만, 침착하게 상황을 수습했다.

"할머니가 아니라 딸… 딱! 그냥 들려요. 살면서 가끔 어떤 소리가 들리곤 했는데, 시간이 지나고 보면 그 말이 항상 맞았어요."

물론 성운은 살면서 어떤 계시 같은 걸 한 번도 들어본 적이 없었다.

"흠, 그래?"

성운은 사실 이 정도면 지애가 의심이 많다기보다 그냥 자기 개인 사주를 물어보고 싶었던 게 아니었을까, 라고 생각했다.

"일단은 우리 독서클럽 멤버들을 한 번 믿어보자!"

"내 눈엔 좋은 사람들 같아 보였어. 그래서 도움을 요청하라고 한 거야."

자기암시를 하듯 혼잣말하는 성운에게 은하가 말했다.

"은하 너는 겉모습만 봐도 좋은 사람인지, 나쁜 사람인지 구별할 수 있어?"

"그런 이상한 모임에 진지하게 참석하는 것부터가 나쁜 사람은 아니지 않을까?"

"뭐?"

"농담이야. 난 그냥 자기와 아무런 관계도 없는 타인을 구하기 위해 지하철 의자에 한 시간 넘게 앉아 머리를 맞대는 모습을 보고 생각한 거야. 나한테는 엄마지만, 그 사람들한테 우리 엄마는 지하철에서 그저 한 번 스쳐 가는 인연, 그 이상도 이하도 아니잖아."

"그건 그렇지."

은하의 말을 듣는 동안 성운은 불현듯 6학년 때의 그날이 떠올랐다. 과연 그때 옳은 일을 한 것일까? 그날 이후

두고두고 스스로에 되물었지만, 여전히 정답을 내리지 못한 터였다.

"그런 사람들이라면 사실대로 털어놓았을 때, 일단 믿든 안 믿든 도와줄 거로 생각했어."

그리고 3년 만에 비로소 은하를 통해 답을 찾은 기분이었다.

"은하 네가 나보다 낫다. 아직 인간도 아니면서 사람 보는 눈이 있네."

은하는 성운의 등을 치며 얼른 할머니한테 전화나 하라고 일러주었다. 깜짝 놀란 성운이 뒤늦게 엄마한테 전화하자, 엄마는 앞으로는 마음대로 하라며, 전화를 끊어버렸다. 두 사람은 서둘러 집으로 뛰어갔다. 결국 그날 역시 책은 단 한 페이지도 읽지 못했다.

일주일 뒤, 삼태성이 알려 준 그날이 다가왔다. 성운은 지난주에 미처 읽지 못한 책의 반납 기한을 연장해서 다시 가방에 챙겨 넣었다. 지애와 경찰 출신 노인에게도 학교에서 곧 출발한다는 사실을 메시지로 알렸다.

신도림역 4번 출구 앞에 선 성운은 처음으로 은하의 손을 잡았다.

"오늘 내가 꼭 너희 엄마를 구해줄게."

"내 엄마이기도 하지만, 아빠 마누라이기도 하거든?"

"왜 또 갑자기 아빠라고 하는 건데!"

성운이 은하의 손을 뿌리치며 따져 물었다. 그는 은하가 "아차차, 실수!"라고 하면서 바로 호칭을 정정할 것으로 생각했다. 하지만 은하는 전혀 그럴 생각이 없어 보였다.

"아빠, 만약 내가 태어나지 못한다고 해도 난 절대 아빠를 원망하지 않을 거야."

"무… 무슨 소리를 하는 거야!"

"태어나지 못하는 아이여도 날 기억해주면 좋겠어. 엄마가 잘못되더라도 아빠는 무사할 테니까. 비록 내가 엄마와 함께 우주에서 소멸하더라도, 이 드넓은 우주에 은하라는 아이가 있었다는 걸…."

"됐어. 그만 해. 태은하! 넌 태어날 거야. 내가 반드시 그렇게 만들 거야!"

성운은 차오르는 눈물을 억지로 삼키며 다시 은하의 손을 붙잡고 4번 출구로 올라갔다. 은하는 성운의 손에 억지로 끌려가다시피 하면서도 성운의 등에서 시선을 놓지 않았다.

4월 마지막 주 금요일, 오후 3시 4분.

신창행 열차가 들어오는 7-3 플랫폼에서 성운이 열차에 탑승했다. 그는 이번에도 읽지 않을 책을 펼쳐 들고 자리에 앉아 열차가 출발하기를 기다렸다. 잠시 후 열차는 구로역을 지나 가산디지털단지역에 정차했고, 7-2 플랫폼에서 지애가 탑승하는 것을 확인했다. 성운과 지애는 서로 눈빛을 교환한 뒤 재빨리 휴대전화를 꺼내 단톡방에 접속했다.

– 할아버지, 지애 누나 방금 탔어요.

– 나도 지금 세마역에서 열차를 기다리는 중이네.

– 세마역에는 4시쯤 도착하지 않나요? 어르신, 왜 이렇게 일찍 나오셨어요?

– 강치수는 아마도 여학생의 동선을 이미 전부 파악했을 걸세. 보는 눈이 많은 낮 시간대에는 그자도 섣불리 행동하지 않겠지만, 해가 떨어진 다음에는 목적을 달성하려 들 거야. 그렇다면 미리 서정리역에 가 있을 수도 있으니, 지금부터 이곳을 지나가는 열차를 전부 살펴보려 하네.

– 만약 다른 열차에 그자가 타고 있다면 할아버지가 좀 미행해 주세요.

– 전직 경찰이셨다니까 어르신만 믿을게요!

성운과 지애는 동시에 휴대전화를 주머니에 넣은 뒤 태연하게 책을 펼쳤다. 열차는 오늘따라 유독 심하게 흔들리고 있었다.

성운은 이내 무릎 위로 책을 뒤집었다. 대신 열심히 객실을 둘러보고 있는 은하를 바라보며 그 모습을 꾹꾹 눌러 담듯 눈에 담았다. 은하는 그런 성운의 마음을 아는지 모르는지 여전히 승객들의 얼굴을 하나하나 확인하고 있었다.

열차가 금정에서 군포, 당정을 지나 의왕역으로 가던 중, 갑자기 성운과 지애의 단톡방 알림이 울렸다.

– 강치수 발견.

– 예!? 설마 할아버지 예상이 맞은 거예요? 저희는 아직 의왕역인데요?

– 경찰의 감이라는 게 있지. 일단은 내가 따라붙을 테니, 자네들은 다음 열차에서 여학생을 미행해 주게.

성운은 순간 소름이 돋았다. 노인이 아니었다면, 그들은 처음부터 강치수를 놓치고 시작할 뻔했다.

– 어르신, 그냥 지금 당장 신고하면 안 돼요?

– 지하철같이 사람이 많은 곳에서는 섣불리 검거해선 안 돼. 수많은 사람 속에서는 범인을 특정할 수도 없을 뿐만 아니라, 인파 속에서 한 번 놓친 용의자는 두 번 다시 잡을 수 없거든. 신고하더라도 서정리역을 벗어난 이후여야 한다네.

– 아, 그렇군요. 그럼, 저희는 일단 계획대로 움직일게요.

성운은 재빨리 은하에게 손짓해 휴대전화 화면을 보여주었다. 은하는 시간이 다가올수록 살짝 겁에 질린 모습이었다. 하지만 겉으로 내색하진 않았다.

성운은 은하가 두려워하고 있다는 것을 알고 있었다. 만약 독서클럽 멤버들의 이루미 구조 계획이 실패한다면, 루미가 죽을 때 은하의 원시성은 함께 소멸한다. 하지만 성운은 절대 은하를 그렇게 만들 생각이 없었다.

오늘 반드시 이루미를 구할 것이고, 먼 훗날 은하는 플랫폼을 타고 자기를 만나러 올 것이다.

열차는 세류, 병점을 지나 세마역에 도착했다. 예상했던 대로 노인은 보이지 않았다. 아마도 그는 앞선 열차에 강치수와 함께 타고 있을 것이다. 아니, 이미 서정리역에 내렸을지도 모른다.

– 서정리역에서 강치수 내림. 그런데 녀석이 내 미행을 눈치챘는지, 2번 출구에서 사라져 버렸네. 일단 주변부터 다시 살펴보지.

– 어르신 어쩌다가…. 저희는 곧 진위역에 도착해요.

– 할아버지, 저희가 여학생을 서정리역 밖으로 못 나가

게 할까요?

– 그렇게 되면 강치수는 다른 날을 노릴지도 몰라. 오늘 확실히 놈을 잡으려면 녀석이 여학생에게 접근하는 틈을 노려야 해!

성운은 노인의 표현이 루미를 미끼로 이용하는 것 같아 내심 불쾌했지만, 그의 말에도 일리가 있었다. 독서클럽이 작정하고 접근하면 오늘만큼은 루미가 서정리역에 내리지 않게 할 수 있다.

하지만 그의 말대로 강치수는 이미 그녀의 모든 동선을 파악했을 것이다. 이번 기회를 놓치면, 다음번에는 언제 어디서 강치수가 루미를 덮칠지 모른다. 성운은 오늘 반드시 확실하게 그를 잡아야 한다.

이번 역은 진위역입니다.

다행히 오늘도 어김없이 진위역 7-1 승강장에서 이루미가 탑승했다. 루미는 이번에도 손에 논술학원 교재를 들고 있었다.

은하는 그런 루미에게 다가가 하염없이 그녀를 지켜보았다. 마치 자기 눈에 영원히 엄마의 모습을 새겨버릴 기세로. 그 모습을 지켜보던 성운은 열차가 영영 서정리역에 도착하지 않기를 바랐다.

이대로 시간이 멈춘다면, 은하는 태어나지 못하더라도 엄마 곁에 영원히 함께 있을 수 있다. 하지만 열차는 야속하게도 정확히 딱 7분 뒤 서정리역에 도착했다.

이번 역은 서정리역입니다.

루미가 내리는 것을 확인한 성운과 지애는 서둘러 그녀를 따라나섰다. 루미는 에스컬레이터를 타고 대합실을 지나 개찰구에 학생증을 찍은 뒤 3번 출구로 향했다. 은하는 더 이상 성운의 옆이 아닌 루미의 곁에 딱 붙어서 걸어가고 있었다.

서정리역 3번 출구는 고가로 된 육교였는데, 왕복 7차선 도로와 작은 하천 위를 한 번에 가로질러 광장으로 이어져 있었다.

자신에게 닥칠 미래를 전혀 예상치 못한 루미는 태연한 얼굴로 이어폰을 귀에 꽂은 채 음악을 흥얼거리며 공중보행교를 건너갔다. 성운과 지애는 수상하지 않을 정도의 거리에서 그녀의 뒤를 미행했다.

공중보행교 끝에는 광장으로 내려가는 에스컬레이터가 있었다. 그런데 에스컬레이터 지붕에 시야가 가리는 바람에 두 사람은 아주 잠시 루미를 놓치고 말았다. 다행히 성운이 은하를 발견하면서 금세 루미도 찾을 수 있었다.

루미는 광장 양옆에 줄지어 늘어선 상가 건물들을 따라 걸어갔다. 성운과 지애는 광장에 들어서면서부터 서로 멀찌감치 떨어져서 각자 따로 이동했다. 복잡한 상가 건물들 사이를 계속 붙어 다녔다간 두 사람이 동시에 루미를 놓치는 상황이 발생할 수도 있다.

결국 성운이 광장의 왼쪽 길로, 지애가 오른쪽 길로 약간의 거리를 두고 루미를 따라가기 시작했다. 그리고 잠시 후, 지애는 오른쪽 마지막 상가 입구로 루미가 들어가는 것을 확인했다.

"그 학생, 조금 전에 이 건물로 들어갔어. 근데 몇 층으로 갔는지는 모르겠어. 건물 안까지 따라 들어가면 너무 수상해 보일 것 같아서…."

지애와 합류한 성운이 상가건물의 외벽을 쭉 훑어보았다. 루미가 들어간 건물 외벽에는 논술학원 간판이 걸려 있었다.

"아마 이 건물이 맞을 거예요. 그 친구, 논술학원 교재를 들고 있었으니까."

"그 거리에서 책을 봤어?"

지애가 그걸 어떻게 아느냐며, 성운에게 물었다.

성운이 앉았던 좌석에서 루미가 앉았던 좌석까지의 거리는 족히 10m가 넘었다. 그 거리는 절대 책의 표지가 보일 수 없는 거리였다. 성운은 차마 은하가 말해줬다고 대답할 수 없어서 '등 뒤에 따봉' 같은 거라고 대답했다.

지애는 바로 이해했다는 듯 서둘러 노인에게 전화를 걸었다.

"어르신, 지금 여학생은 학원에 들어갔고요, 저희는 학원 1층에서 기다리는 중이에요."

"이 자식이 어디로 감쪽같이 숨어버렸는지, 머리카락 한 올도 안 보이네."

"일단 이쪽으로 오세요. 강치수도 여학생 앞에는 나타날 테니까, 이쪽에서 기다리시는 게 좋을 것 같아요."

곧이어 두 사람이 알려준 건물 앞으로 노인이 도착했다. 어차피 대부분의 학원 수업은 최소 두 시간 이상이어서 그들은 잠시 긴장을 내려놓았다.

이윽고 지애가 먼저 입을 열었다.

"그나저나 도대체 강치수는 어떤 인간이에요?"

"범죄자에게 연민을 갖는 건 아니지만, 후배를 통해 알아보니 사연이 많은 녀석이더군. 녀석은 뱃속에 있을 때 이미 부모로부터 버림받은 것이나 다름없었다네. 임신 사실을 뒤늦게 알게 된 생모가 시기를 놓쳐 낙태 시술이 어려워지자, 출산도 하기 전에 친권을 포기하고 낳자마자 기관에 아이를 버렸다고 하더군."

강치수의 사연을 들은 성운은 불과 한 달 전 은하와의 첫 만남이 떠올랐다.

"그건 아직 오지 않은 미래잖아. 현재를 기준으로 사실상 남이라고 남."

"강치수는 고아원에서 자라는 내내 '평범한 가정'을 굉장히 혐오했고, 자기 같은 건 차라리 태어나지 말아야 했다는 말을 입에 달고 살았다는데, 잘 모르겠네. 그게 과연 생모의 잘못인지, 아들의 존재조차 모르는 친부의 잘못인지…."

"지구에서는 하루에도 수백수천 명이 생명을 잃어. 게다가 난 비혼주의자야. 당사자한테 이런 말 해서 미안한데, 너

희 엄마가 아니었어도 넌 아마 태어나지 못했을 거야…"

노인의 말 한마디, 한마디가, 아니, 강치수의 인생 한 걸음, 한 걸음이 성운의 지난날을 예리하게 비추었다.

어린 시절, 누명 트라우마로 인해 다시는 남의 일에 관여하지 않고자 순간 내뱉은 말이었을지라도 강치수의 부모와 자신이 별반 다를 바 없다는 생각마저 들었다.

최대한 평범하게 살기 위해 노력했다고 생각했는데, 한 달 전, 그는 은하에게 그런 평범한 삶조차 주지 않으려 했다.

하지만 지난 한 달이라는 시간 동안 은하는 성운의 삶에 스며들었고, 성운은 어느덧 간절하게 은하의 플랫폼이 열리는 미래를 바라보게 되었다. 동시에 무심했던 지난날의 자신이 준 상처가 은하의 무의식에 남을까 봐 두려웠다.

루미가 건물에 들어간 지 두 시간 정도가 흘렀다. 노인은 건너편 버스정류장에, 지애는 맞은편 상가 앞 화단에 앉아 있었다. 성운은 아까부터 줄곧 보이지 않은 은하를 찾아 나설까 하다 이내 망설여졌다. 강치수의 이야기를 들은 후로 어쩐지 은하의 눈을 마주칠 자신이 없어졌기 때문이다.

어느새 해가 길어져 7시가 넘어서야 저녁놀이 지기 시작했다. 그렇게 저녁놀이 질 때쯤 루미가 건물 밖으로 나왔다. 다행히 은하는 줄곧 루미의 곁에 있었다.

루미는 다시 귀에 이어폰을 꽂은 채 서정리역 방향으로 걸어갔다. 노인이 황급히 횡단보도를 건너 따라붙었고, 지애와 성운 역시 루미의 뒤를 대각선으로 따라가고 있었다.

그런데 광장을 가로질러 걸어가던 루미가 올 때와 달리 공중보행교 에스컬레이터를 타지 않고 왼쪽 옆길로 빠져 다른 곳으로 가기 시작했다. 노인은 루미를 따라 공중보행교 왼쪽으로, 성운과 지애는 오른쪽으로 따라갔다. 해는 이미 완전히 지고 있었다.

공중보행교 아래는 왕복 7차선 도로를 가로지르는 횡단보도가 있었다.

루미는 이미 횡단보도를 절반이나 건넌 상태였고, 초록불이 깜빡이고 있었다. 세 사람이 뒤늦게 따라붙었지만, 신호는 금세 빨간불로 바뀌었다.

시야에서 멀어지는 루미를 보며 마음이 다급했으나, 7차선이나 되는 차로를 무단으로 횡단할 수는 없는 노릇이었다.

성운은 다음 신호를 기다리는 시간이 천년 같았다. 루미는 왜 공중보행교가 아닌 횡단보도를 이용한 것일까? 건너편에도 지하철 출구가 있는 것 같긴 한데, 이쪽에서는 주변이 어두워서 잘 보이지 않았다.

다음 신호가 바뀌자마자, 세 사람은 서로 모른 척했던 것도 잊은 채 요란하게 우르르 뛰어갔다.

"어르신, 그 친구 어느 쪽으로 갔어요?"

"나도 잘 모르겠네."

"누나, 저쪽에도 지하철 출구가 있…."

그때 갑자기 서정리역이 떠나갈 정도의 날카로운 외침이 들려왔다.

"꺄아아아아악!"

성운은 재빨리 은하의 목소리가 들리는 방향으로 뛰어갔다.

"이쪽이에요!"

"확실해? 어떻게 알아?"

은하의 목소리가 들리지 않는 두 사람은 갑자기 반대쪽 수변 산책로 쪽으로 달리는 성운을 이해할 수 없었다. 하지만 막무가내로 뛰어가는 성운을 놓칠세라 일단 그쪽으로 따라갔다.

성운은 은하의 목소리를 따라 하천 쪽 수풀을 냅다 굴러서 내려갔다. 은하는 끊임없이 소리를 지르고 있었고, 그 목소리를 들을 수 있는 건 이 지구상에서 성운밖에 없었다.

설마 강치수 눈에도 은하가 보이는 걸까?

루미처럼 은하도 직접 해칠 수 있는 걸까?

터질 것 같은 심장을 부여잡으며 성운은 쉬지 않고 달렸다. 노인과 지애는 성운이 굴러떨어진 방향으로 갈 수 있는 진입로를 찾느라 한참을 돌아오고 있었다.

성운이 굴러떨어진 하천에는 양옆으로 산책로가 있었는데, 은하의 비명을 따라 쉬지 않고 달렸는데도 거리가 조금도 줄어들지 않는 것 같았다. 1초가 한 시간처럼 느껴졌으며, 심지어 발목에는 모래주머니가 달린 기분이었다.

'은하야, 제발. 지금 당장 내가 널 구하러 갈 테니 살아만 있어 줘. 하나님, 삼태성님! 제 목소리가 들린다면 누구든 부디 좀 도와주세요.'

차마 떠올리기도 싫은 생각이지만, 어쩌면 지금 들리는 비명을 마지막으로 은하가 소멸해 버릴지도 모른다는 생각이 들자 성운은 산 채로 심장이 뜯기는 기분이었다. 그는 숨을 헐떡이면서도 중얼중얼 소리를 내며 애타고 간절하게 기도했다.

"삼태성님, 헉헉… 은하가 태어날 수 있게 도와주세요.

헉, 헉헉. 은하가 부디, 헉… 제발, 꼭! 저 우주의 별이 되어 플랫폼을 탈 수 있게 해주세요. 제발요."

일교차가 큰 계절의 일몰 이후라 그런지 산책로에는 인적이 거의 없었다. 오직 저 멀리에 있는 은하만이 산책로 한가운데서 수풀을 가리킨 채 울먹이며 소리를 지르고 있었다.

다행히 강치수가 은하를 직접 해치는 상황은 아닌 듯 보였다. 은하를 발견한 성운은 그제야 숨이 쉬어지는 것을 느꼈다. 하지만 문제는 지금부터였다. 은하가 가리킨 방향에는 나무들이 줄지어 심어 있고, 주변으로 수풀이 우거져 있었다. 아마도 저곳에 강치수가 있을 것이다.

"아빠, 엄마가 위험해! 이쪽이야, 빨리!"

성운이 은하가 가리킨 방향으로 뛰어 들어가자, 나무 아래 수풀 사이에서 강치수가 이루미의 몸에 올라타 목을 조르고 있었다. 성운은 생각할 겨를도 없이 강치수에게 자신의 몸을 던졌다.

하지만 강치수는 재빨리 몸을 일으켜 곧장 성운을 제압했고, 루미가 캑캑거리는 사이에 성운의 목을 조르기 시작했다.

"넌 뭐야?"

"캑캑!"

중학생 성운이 성인 남자 강치수를 힘으로 제압하는 건 무리였다. 손을 뻗으며 버둥거렸으나 저항도, 탈출도 할 수 없었다. 뭐라도 잡아서 강치수의 머리라도 내려치고 싶었는데, 성운의 손에 잡히는 거라곤 축축한 잔디와 수풀뿐이었다.

잠시 후, 정신이 든 루미가 비명을 지르기 시작했다. 비명은 산책로 전체에 울려 퍼졌고, 그 소리를 들은 노인이 순식간에 그들에게 도착했다.

그는 강치수의 등 뒤에서 목을 졸랐다. 한참을 노인의 팔을 할퀴며 버둥거리던 강치수는 이내 의식을 잃고 사지를 축 늘어뜨렸다.

마지막으로 도착한 지애가 헉헉대며 물었다.

"이 새끼가 강치수예요?"

노인은 의식 없는 강치수를 죽지 않을 정도로만 결박하고 있었다. 그리고 재빨리 주머니에서 꺼낸 휴대전화를 지애에게 던지며 말했다.

"내가 이 새끼 붙잡고 있을 테니, 후배 녀석 전화 오면 아가씨가 받아서 여기 위치 좀 설명해 주게!"

"네! 그보다 학생은 괜찮아요?"

지애는 조금 전까지 강치수에게 목이 졸리는 바람에 눈가의 실핏줄이 모두 터진 채 온몸을 사시나무처럼 떨고 있는 루미를 부축하며 산책로로 나왔다.

루미는 여전히 공포에 떨고 있었지만, 자신을 구하러 온 사람들이 있다는 사실에 안도했다.

"고, 고맙습니다. 그런데 다들 누구세요?"

강치수를 결박 중이던 노인과 루미를 부축하던 지애, 그리고 졸린 목을 문지르며 수풀에서 기어 나오던 성운이 동시에 대답했다.

"저희는 1호선 독서클럽 멤버들이에요."

잠시 후, 노인의 후배 형사가 도착했다. 그는 지애와 통화 중인 채로 다른 형사들과 함께 수변 산책로에 나타났다.

"강치수 이 자식, 지금 어디 있습니까?"

"이쪽이에요!"

노인은 전직 강력계 형사였다. 성운은 그가 은퇴 경찰이라고 해서, 막연히 교통경찰을 떠올렸었다. 그런데 수풀에서 순식간에 강치수를 제압하는 것을 보고 깜짝 놀랐다.

루미와 강치수, 그리고 성운 일행은 경찰차 여러 대에 각각 탑승한 뒤, 곧장 경찰서로 이동했다. 겁에 질린 루미를 지애가 보듬으며 첫 번째 차에 함께 탔고, 강치수는 손목에 수갑을 찬 채 형사 한 명과 나란히 두 번째 차 뒷좌석에 올랐다. 노인과 성운은 세 번째 차를 타고 앞선 두 대의 경찰차를 따라갔다.

조사 결과, 강치수는 지난 두 달 동안 루미를 미행한 것으로 밝혀졌다. 특히 루미의 금요일 이동 동선을 위주로 그녀를 따라다녔다고.

방과 후 논술학원에 가기 위해 늘 정해진 시간의 1호선 열차를 타고 이동한다는 것과 학원 수업을 마치면 집으로 바로 가지 않고, 수변 산책로를 걸으며 음악을 듣는다는 것 등을 그간의 미행을 통해서 알아낸 상태였다.

심지어 그는 루미뿐만 아니라 한 번에 여러 타깃을 주시하고 있었다. 여대생 강간 미수 사건이 뉴스를 타면서 포위망을 좁혀오자, 어차피 잡혀 들어갈 거, 검거 전 마지막 피날레로 딱 한 명만 더, 그렇게 여중생 루미를 해치려 한 것이다.

그는 여대생 강간 미수 사건은 사실 여대생 살인 미수 사건이었다고 추가로 자백했다.

성운을 비롯한 독서클럽 멤버들은 참고인 조사를 마치고 루미의 보호자가 경찰서에 올 때까지 그곳에 있었다.

"내가 현역이었을 때 늘 마음에 짐이었던 사건이 하나 있었지. 편의점에 매일 드나들던 학생이 며칠 전부터 보이지 않는다는 편의점 알바생의 제보를 무시해 버리는 바람에 골든타임을 놓치고, 얼마 뒤 그 학생이 주검으로 발견된 사건이었다네. 신고자였던 알바생은 실종된 학생과 아는 사이도 아니었고, 하필 따로 사는 부모마저도 상황 파악을 못 해 실종신고를 하지 않은 상황이어서 우리로서는 접수가 마뜩잖을 수밖에 없었지. 그렇게 알바생의 신고를 외면한 대가는⋯."

"그 사건이 어르신한테 빚처럼 남았던 거네요."

대기석에서 노인과 지애가 대화를 나누는 동안, 성운은 말없이 어른들의 대화를 듣고만 있었다.

"그나저나 성운 학생은 괜찮나?"

노인이 적당히 잘 둘러대 주었지만, 미성년자인 성운은 위험한 일에 함부로 뛰어들었다는 이유로 형사들에게 한참 동안 잔소리를 들었다. 결국 성운도 루미와 마찬가지로 부모님에게 연락할 수밖에 없었다.

성운이 인근 경찰서에 있다는 소식을 들은 부모님은 한달음에 달려왔다. 경찰서에 도착한 부모님은 아들이 무사한 것을 확인하자마자 주저앉다시피 하며 성운을 부둥켜

안았다.

　형사에게 전후 사정을 들은 부모님은 집으로 가는 내내 성운에게 2차 잔소리를 퍼부었다. 그는 끝까지 루미 곁에 있어 주고 싶었으나, 지애와 노인을 믿고 일단 집으로 돌아왔다.

　성운은 경찰서에서 가까운 천안 집에서 하룻밤을 보낸 뒤, 다음날 바로 부모님의 차를 타고 서울로 올라왔다. 그들은 서울 집에 있던 할머니가 걱정하지 않도록 할머니에게는 알리지 않기로 합의했다.

　성운은 서울 집에 부모님이 있는 풍경이 낯설고 어색했다. 불과 두 달 전까지만 해도 세 식구가 함께 살던 집이었는데, 어느새 부모님과 함께 있는 모습은 천안 집에서 더욱 자연스럽게 그려졌다.

　그래도 오랜만에 부모님과 할머니까지, 온 가족이 함께 모여 있는 거실 풍경을 보니 괜히 마음이 따뜻해졌다.

별의 부모

"그러니까, 지금 이게 밀린 3주 치 동아리 활동 일지라는 말이지?"

"네."

"지난 금요일에는 경찰서에도 다녀왔고?"

"네, 경찰서에 확인 전화해보셔도 됩니다!"

성운이 우렁차게 대답했다. 도덕 선생님은 주말에 있었던 일을 차마 믿을 수 없다는 듯 수차례 종이를 앞뒤로 들춰보며 활동 일지를 확인했다.

잠시 후, 선생님은 자기 제자에게 벌어진 일련의 사건들이 너무 황당하고 어이가 없어 고개를 절레절레 저었다. 그동안 성운이 제법 특이한 학생이라고 생각하긴 했지만, 아무리 그래도 이건 예상 범주를 한참이나 벗어난 일이었다.

"지하철 독서클럽을 만들겠다더니, 그동안 탐정 클럽 활동을 한 거네?"

"에이, 탐정이라니요. 전 독서클럽을 만들었고, 우연히 독서클럽 멤버들과 한 여학생을 구하게 된 거죠."

"넌 지금 이게 동아리 활동 일지로 말이 된다고 생각하니?"

"처음 선생님께 허락받을 때 열차 안의 풍경을 공유하고 싶다고 말씀드렸고, 저와 멤버들의 풍경에 그 여학생이 눈에 들어온 게 아닐까요? 아, 혹시 사람은 풍경이 될 수 없나요?"

"하, 태성운! 너, 이 자식… 진짜 한 마디를…."

"동아리 취지에서 그리 크게 벗어났다고는 생각하지 않습니다."

성운의 당당함에 선생님은 어이가 없었지만, 갑자기 무언가 번뜩인 듯 코웃음 치고 말았다. 그리고 이내 미소를 지으며 되물었다.

"예뻤냐?"

"예?"

"그 여학생이 예뻤냐고."

"어, 아… 그… 잘 모르… 그건…."

"참나! 예뻤구먼, 예뻤어. 됐다! 교실로 그만 가 봐!"

호통치는 도덕 선생님의 얼굴에는 이상하게 미소가 떠나질 않았다. 잠시 후 성운이 교무실을 벗어나자마자 그는 곧바로 교장실로 향했다.

이 정도면 학교 차원에서 마땅히 표창장을 주고도 남을 일이었다. 그는 직접 학교에 성운의 표창을 건의할 생각이었다.

교실로 돌아오던 성운은 복도에서 지석을 마주쳤다. 그는 지석을 발견하자마자 달려가 헤드록을 걸었다.

"아, 뭔데? 왜 갑자기 뒤에서 공격하고 난리야!"

"야, 너 중학교 1학년 때 지석역이 네 거라고 했던 거 기억나냐?"

"뭐? 지석역? 지석역은 지금도 내 건데?"

성운은 지석의 여전한 뻔뻔함에 웃음이 났다. 그는 지석에게 그동안 자신이 올린 1호선 독서클럽 게시 글을 보여주었다.

"넌 지석역이 네 거라고 했지? 난 그까짓 역 하나가 아니라 7호차 승강장 전체를 오롯이 나만의 공간으로 만들었다, 이거야. 어떻게 보면 하나의 상징이 된 거지. 그중에서도 7-3 승강장은 완벽한 내 전용이라고!"

"뭐냐? 네 생일이 7월 3일이라 7-3 승강장이 네 거라는 거야? 그렇게 치면 7월 3일생이 한두 명이야?"

"그럼, 뭐 '지석'은 동명이인 없어?"

"아, 맞네. 인정!"

지석이 쿨하게 받아들이며, 성운의 영역을 인정했다. 성운은 지금의 모습이 결국 지난날 지석을 부러워했음을 시인하고 있다는 걸 깨닫지 못했다. 오히려 거기에 한술 더 떠서 지석을 약 올리고 싶어졌다.

"그럼, 지석역 7-3 승강장도 내 것 인정?"

"푸하하 하하하, 결국 그거였어? 푸하하 하하하!"

지석은 갑자기 등을 젖히며 목젖이 보일 정도로 크게 웃었다. 성운은 도통 영문을 알지 못하겠다는 표정으로 지석을 쳐다보았다. 간신히 웃음을 멈춘 지석이 숨을 고르며 성운에게 말했다.

"야, 너, 지석역 안 가봤지?"

"어? 어…."

"에버라인은 경전철이라 열차가 두 량 밖에 없어."

"근데?"

"지석역에는 애당초 7-3 승강장이 없다고."

그날, 은하는 수변 산책로에서 사라졌다. 아마 루미가 강 치수로부터 벗어나 목숨을 구한 순간, 삼태성이 은하를 다시 플랫폼에 태웠을 것이다.

　얼마 후, 성운은 특별한 꿈을 꾸게 되었다. 꿈속에서 그는 우주를 유영하고 있었다. 하지만 자기 모습이 보이지 않아서 그게 자신이었는지, 우주의 먼지였는지, 별이었는지, 행성이었는지조차 알 수 없었다.

　그렇게 우주를 한참 유영하던 중, 성운은 우주 끝에서 한 은하를 발견했다. 그는 그 은하가 NGC-1947 은하라는 것을 직감적으로 알 수 있었다. 지구로부터 황새치자리 방향으로 4,540만 광년 떨어진 일명 '죽어가는 은하' 말이다.

　성운은 그곳을 향해 부지런히 헤엄쳤다. 꿈속 우주에서의 유영은 마치 물속을 헤엄치는 느낌이었다. 생각보다 속도가 나지 않았고, 팔다리가 무거웠다. 그래도 성운은 쉬지 않고 앞으로 나아갔다.

　하지만 자신이 왜 그곳으로 가고 있는지는 몰랐다. 그냥 우주의 수많은 은하 중에서 그곳이 성운의 눈에 들어왔을 뿐이었다.

　오랜 시간이 흘러 성운은 드디어 NGC-1947 은하에 도착했다. 그런데 그곳은 빛을 낼 수 없는, 죽어가는 행성들과 성간 먼지들이 구성 물질의 전부였다. 그것은 본 성운은 왠지 슬픈 기분이 들었다.

그런데 좀 더 자세히 들여다보니 NGC-1947 은하 한구석에 홀로 빛나는 별이 하나 있었다. 그 별은 작지만 아주 밝게 빛났다. 죽어가는 은하에서 스스로 빛을 내는 별을 발견한 순간, 성운은 눈물이 날 것 같았다.

별은 처음부터 끝까지 그 자리에 가만히 있었다. 성운은 그 별이 자기에게 사랑한다는 말을 건네는 것만 같아서 그대로 별에 다가가 자신의 온몸으로 별을 껴안았다.

부모님은 잠에서 깨어난 성운에게 진지한 이야기를 꺼냈다.

"엄마랑 아빠는 네가 2학기 때부터는 이쪽 학교로 전학했으면 해."

엄마가 먼저 성운의 눈치를 살피며 조심스럽게 말했다.

"갑자기 왜?"

"이번 일도 그렇고, 우리가 따로 사는 바람에 너한테 무슨 일이 생기는 줄도 모르고…."

성운은 단번에 부모님의 걱정을 이해했다. 그들은 강치수 사건이 있은 뒤로 성운에 대한 우려와 걱정으로 통 잠을 이루지 못했다. 그는 부모님이 학기 중 전학을 권유한 것에 짜증이 나기보다는 그들의 염려가 더 마음에 와닿았다.

"엄마 아빠, 걱정하지 마세요. 다시는 부모님 걱정시키지 않을게요."

아들의 진지한 태도와 갑작스러운 존댓말에 그들은 잠시 당황했다.

"너, 진짜 괜찮아? 올해까지 다니면, 내년에 친구들이랑 더욱 같은 고등학교에 가고 싶지 않겠어?"

"올해까지 무사히 중학교 마치고 나면, 내년부터는 무조건 천안에 있는 고등학교로 입학할게요."

"정말이니?"

"당연하죠. 제 가족이 여기에 있는걸요."

성운은 성휘와 샛별의 아들이지만, 동시에 루미의 남편이자 은하의 아빠가 될 예정이었다. 성환역은 진위역에서 지하철로 고작 다섯 정거장 거리였다.

독서클럽은 다시 정상적으로 활동을 시작했다. 여전히 지하철에서 각자 책을 읽었고, 노인과 지애는 규정대로 인사하지 않는 사이로 돌아갔다. 열차를 탈 때만 말이다.

세 사람은 매주 금요일, 동시에 서정리역에서 내려 플랫폼 의자에 나란히 앉아 자판기 음료를 뽑아 마셨다.

서정리역은 신창역과 같은 야외 플랫폼이었다. 머릿속에 온통 루미를 구해야겠다는 생각밖에 없었을 땐 이곳이 야외 플랫폼인지, 실내 플랫폼인지조차 깨닫지 못했다. 하지만 5월의 서정리역은 이곳이 야외라는 걸 온 사방이 초록으로 알려주고 있었다.

"야외 플랫폼은 사계절이 느껴져서 좋더라고요."

"그러게, 세마역은 실내라 좀 어두워."

"천안역도 야외인데, 야외 역이 겨울에 얼마나 추운 줄 알아? 그리고 플랫폼에 비둘기도 엄청 많다고!"

"지애 누나는 낭만이 없네요."

성운이 지애를 나무라며 초코라테를 죽 들이켜자, 노인도 맞장구치며 밀크커피를 한 모금 들이켰다. 지애만 자기의 블랙커피를 뚫어지게 바라보고 있었다.

"나, 실은 고백할 게 하나 있는데….'

"뭔데요, 누나."

"남자 친구랑 헤어졌어, 헤어졌어요."

지애가 두 사람을 각각 바라보며 말했다. 성운과 노인은 눈을 똥그랗게 뜬 채 지애가 방금 내뱉은 말을 곱씹었다.

"지애 씨 남자 친구가 천안에 살아서 금요일마다 1호선을 타는 거 아니었나?"

"맞아요, 맞는데…. 그 사건 이후로 왠지 남자 친구한테 정나미가 떨어져서 제가 먼저 헤어지자고 했어요. 그런데 돌아오는 금요일마다 마땅히 할 일도 없더라고요. 이왕 이렇게 된 거 독서클럽을 핑계 삼아 매주 금요일에만 천안행 지하철을 탄 거였어요."

"누나 집이 영등포라고 하지 않았어요?"

"맞아. 가산에서 구로 방향으로 세 정거장만 가면 집인데 반대 방향으로 한 시간 거리인 서정리역까지 와서 나도 참 뭐 하는 짓인지. 그런데 또 하필 여기서 뽑아먹는 자판기 커피 맛이 좀 좋아? 품!"

"그….."

노인은 지애의 고백을 듣고 무언가 말하고 싶어 망설이는 눈치였으나, 자신이 하려던 말을 차마 내뱉지 못하고 도로 삼키는 중이었다. 이를 눈치챈 지애가 답답함을 이기지 못하고 그를 추궁했다.

"어르신, 뭔데요. 그냥 말씀하세요. 조언이든, 잔소리든, 오늘은 그냥 뭐든지 들을게요."

"아니, 지애 씨. 실은 그날 내 전화 대신 받아줬던 그 후배 형사 말이야."

"아, 그분! 어르신 형사 후배라고 해서 어르신이랑 비슷한 연배일 줄 알았는데, 현장에 도착했을 때 제 또래인 거 보고 그날 깜짝 놀랐잖아요! 형사가 아니라 강치수 공범인 줄….”

지애는 방금 내뱉은 말이 실례라는 생각이 들어 재빨리 자기 왼손으로 입을 막았다. 하지만 노인은 전혀 개의치 않는다는 듯 말을 이어 나갔다.

"후배는 후배인데, 내가 은퇴하기 직전에 우리 팀 막내로 들어왔던 녀석이라, 사실 나이 차만 보면 아들 터울이지.”

"그런데 그 후배 형사님이 왜요?”

"실은 그날 후배 녀석이 지애 씨를 보고 첫눈에 반해서 연락처를 좀 알려달라는 걸 내가 지애 씨 애인 있다고 단칼에 거절을….”

그때 서정리역으로 열차가 들어왔다. 열차 출입문이 열리자, 사람들이 우르르 쏟아져 나왔다. 서정리역 플랫폼을 오가는 사람들의 소음에 노인의 목소리도 묻혀버렸다. 하지만 지애는 곧 자기 뺨이 걷잡을 수 없이 붉어지고 있다는 걸 깨달았다. 그녀는 아무 말이나 둘러대며 급하게 화제를 바꾸었다.

"그나저나 그 루미라는 애는 이제 지하철 안 타나? 아예 안 보이네?"

"그런 일이 있었는데, 굳이 다른 동네 학원에 다니겠어요?"

"후배를 통해 들었는데, 그 아이는 당분간 심리치료를 받는다고 하더군."

"아, 후배 그분이⋯. 그⋯ 그러네요! 하긴 심리치료 중요하죠. 그런데 그러면 우린 도대체 왜 매주 서정리역에서 이러고 있는 거야?"

지애가 황당하다는 듯 성운과 노인에게 따졌다. 성운이 피식 웃으며 대답했다.

"그야 아까 누나가 말했듯이 여기 자판기 음료가 맛있고, 무엇보다 이곳 서정리역이 '지하철 1호선 독서클럽'의 첫 정모를 했던 곳이니까요."

그날 이후 성운은 굳이 루미를 찾아가지 않았다. 어차피 그들은 언젠가 다시 만나게 될 것이다. 재회의 장소는 성운이 입학하게 될 남녀공학 고등학교일 수도 있고, 어쩌면 둘은 훗날 같은 대학에 다니게 될지도 모른다.

아니면 지하철 통학 중에 우연히 1호선 7번 칸에서 마주

치게 될 수도 있을 것이다.

성운은 먼 훗날 반드시 만나게 될 은하를 위해 좀 더 열심히 살아보기로 했다. 그동안은 부모님에게 부끄러운 아들이 되고 싶지 않았는데, 그날 이후로는 부끄러운 아빠가 되고 싶지 않았다.

그는 미래의 딸을 위해 조금씩 차근차근 나아갔다. 그렇다고 해서 막상 대단한 무언가를 한 것은 아니다. 그저 '평범하게' 살기 위해 노력했다. 지하철 1호선의 수많은 사람처럼 말이다.

에필로그 *

15년 후.

퇴근 후 집으로 돌아온 성운이 콧노래를 흥얼거리며 현관문 도어록을 눌렀다. 성운이 채 현관문을 열기도 전에 이미 집 안에서는 까르르 소리가 현관을 향해 뛰어오고 있었다.

"아빠! 아빠!"

"우리 은하, 아빠 기다렸어?"

"아빠! 오늘 어리니집에서 시우가 으나꺼 간식 빼서 먹었어!"

"시우가 그랬어?"

"오셨어요?"

주방에 있던 시터 이모가 손의 물기를 앞치마에 닦으며 거실로 마중을 나왔다. 거실은 온통 아이용 장난감과 육아용품들로 가득 차 있었다.

층간소음 방지용 매트 역시 온 집 안에 빈틈없이 깔려 있었다. 은하는 집에서 잠시도 걸어 다니지 않는 아이였다. 성운은 품에 안겨있는 은하를 보며 도대체 이 조그만 몸 어디에서 그런 에너지가 나오는지 궁금했다.

"루미는요?"

"오늘 조금 늦으신대요."

루미가 야근하는 날은 꼼짝없이 성운이 은하의 저녁 식사와 목욕을 전담해야 했다. 성운은 시터 이모님에게 수고했다는 인사를 건넨 뒤, 그녀를 퇴근시켰다.

은하를 식탁 앞에 앉힌 뒤, 두 부녀는 함께 저녁 식사를 시작했다.

"엄마 언제 와?"

"엄마 오늘 야근하나 봐."

"엄마는 왜 맨날 느저?"

"엄마 일찍 오는 날도 있는데?"

성운이 은하의 볼을 꼬집으며 대답했다. 은하는 어린이집에서 있었던 일을 엄마한테 미주알고주알 말하고 싶은 듯했다.

두 사람이 정답게 저녁을 먹고 있는 동안, 현관문 도어록 소리가 들려왔다.

"엄마다!"

의자에 앉아 있던 은하가 현관문을 향해 뛰어나갔고, 루미가 은하를 껴안으며 거실로 들어왔다.

아침에 출근할 때까지만 해도 깔끔하고 단정한 메이크업에 세미 정장 차림이었던 루미였다. 하지만 야근을 마친 그녀의 몰골은 말로 표현할 수 없을 만큼 초췌했다.

"성운아, 나 오늘 진짜 죽는 줄 알았어. 김 부장이 갑자기 잔업을…."

"일단 옷부터 갈아입고 와. 너 지금 얼굴 장난 아님."

"어? 지금 얼굴로 시비 거는 거야?"

"하하! 그게 아니라, 은하가 엄마한테 하고 싶은 얘기가 있다고 아까부터 기다렸어. 빨리 대충 씻고 와서 같이 밥 먹자."

"알겠어. 흐어어엉…."

루미가 흐느적거리며 안방으로 들어가자, 은하는 그런 엄마를 측은하게 바라보았다. 성운은 다시 은하를 의자에 앉히고 마저 밥을 먹였다.

어린이집에서는 잘만 한다는 숟가락질을 집에만 오면 왜 까먹는지, 은하는 저녁을 먹을 때마다 손 하나 까딱하지 않았다.

저녁을 먹은 뒤, 주방에서 설거지하던 루미가 성운에게 말했다.

"성운아, 설거지 내가 할 테니까 은하 목욕 좀 시켜줘."

"알았어."

성운은 화장실 욕조에 따뜻한 물을 받은 뒤, 손으로 물 온도를 체크했다. 물이 살짝 뜨거운 것 같아 찬물을 좀 더 추가한 뒤 은하를 불렀다. 당연하게도 은하는 절대 한 번에 오지 않았다. 성운은 두 번, 세 번 애타게 은하를 불러보았다.

"은하야, 목욕하자."

"응, 성운아."

부른지 네 번 만에 은하가 성운의 이름을 부르며 화장실로 들어왔다. 기가 찬 성운이 은하에게 되물었다.

"엄마가 맨날 성운아, 성운아, 하니까 너도 아빠를 성운이라고 하는 거야?"

"아니?"

"아빠를 이름으로 부르면 어떡해!"

"아빠가 그러라고 해짜나."

"아빠가 언제?"

"아빠가 쩐에 이름으로 부르라고 했는데?"

은하가 성운의 눈을 똑바로 바라보고 말했다. 은하의 눈 속에는 새카만 우주가 들어있었다.

성운은 불현듯 15년 전 어느 날이 떠올랐다.

"아빠가 그랬어? 그게 기억이 나?"

"아니? 장난이야, 꺄하하하."

은하가 욕조 안에서 신나게 물장구를 치며 까르르거렸다. 성운은 역시 그럴 리가 없지, 라는 듯한 표정으로 혼자씩 웃어넘겼다.

목욕 후 거실에서 엄마와 인형 놀이를 하던 은하가 눈을 깜빡깜빡거리자 루미가 슬쩍 은하를 안아 방으로 데려갔다. 은하는 아주 잠깐 칭얼거리다 금세 잠들었다.

은하를 한참 동안 들여다보고 있던 루미에게 성운이 다가왔다.

"안 자?"

"아니, 잘 자."

"근데 왜?"

"우리 은하 너무 예뻐서."

루미가 은하의 머리를 쓰다듬으며 말했다. 성운 역시 그런 루미의 곁에서 은하를 내려다보았다. 은하는 쌔근쌔근 자고 있었다. 꾹 감은 두 눈과 살짝 벌어진 입술, 그르렁거리는 콧구멍 등 은하의 얼굴에는 이 모든 이목구비가 오밀조밀하게 들어있었다.

루미는 깊게 잠든 은하에게 말을 건넸다.

"은하야, 엄마 아빠한테 와줘서 너무너무 고마워. 있잖아, 엄마는 은하를 아주 오래전부터 기다렸어."

루미의 고백에 질 수 없다는 듯 성운도 한마디 거들었다.

"아빠도 은하가 엄마 뱃속에 생겼을 때부터 기다렸어."

성운의 말을 들은 루미가 피식 웃으며 말했다.

"난 그보다 훨씬 전이야. 성운이 널 만나기도 전."

"에이, 그게 무슨 말도 안 되는 소리야."

"진짜야, 난 중학생 때부터 은하를 기다렸어."

성운이 잠시 멈칫했다. 그러자 루미가 계속 말을 이었다.

"자기 알잖아, 우리 부모님 평택에서 24시 감자탕집 오래 하셨던 거."

"아, 알지."

"우리 부모님 쉬는 날도 없이 일하시고, 밤에 일하는 이모가 펑크라도 내면 잠도 못 자고 밤새 가게에 나가 계셨다?"

"장인어른, 장모님 고생 많이 하셨지. 근데 그게 은하랑 무슨 상관이지?"

"어렸을 때부터 학교 끝나고 부모님 가게 한구석에서 언니랑 잠들었던 날이 진짜 하루이틀이 아니었어. 멀쩡한 집 놔두고 왜 그래야 하는지 당시에는 잘 몰랐는데 나중에 물어보니까 우리가 끼니를 거를까 봐 그러셨다는 거야."

성운은 아무 말 없이 루미의 이야기를 듣고 있었다.

"아무튼 그 당시에는 부모님이 아등바등 사는 게 정말
이해가 안 됐어. 그런데 어느 날, 불현듯 깨닫게 된 거야.
부모님이 그렇게까지 열심히 사는 이유가 전부 나랑 언니
때문이라는 걸."

"……."

"아니, 언니랑 내가 뭐라고… 도대체 자식이 뭐길래 이
렇게까지 열심히 사는 걸까. 그게 한 번 궁금해지니까, 언
젠가부터 나도 엄마가 되어보고 싶어지더라?"

"뭐?"

"웃기지? 그런데 정말 어느 순간 갑자기 엄마가, 부모가
되고 싶어졌어. 나도 부모가 되어서 자식을 사랑한다는 게
도대체 어떤 기분인지 직접 경험하고 싶어졌어. 그 어린 나
이에."

"그래서?"

"중학생 때였나? 그즈음부터였던 것 같아. 얼굴도 성별
도 모르는 미래의 자식을 정말 매일매일 떠올렸어. '언젠간
꼭 만나자. 꼭! 너무너무 보고 싶다.' 하면서. 아마도 내 인

생의 절반을, 그렇게 살아오는 내내 어쩌면 나는 은하를 기다렸던 것 같아."

   15년 전, 4,540만 광년 너머에 있던 은하의 플랫폼을 열었던 사람은 다름 아닌 루미였다.

작가의 말 ✦━━━━━━━━

2023년, 제 아이가 세상에 태어났습니다.

생후 4개월부터 아기띠를 둘러매고 지하철, 기차, 버스, 비행기, 오토바이 등을 이용하여 대한민국 방방곡곡을 여행하는 동안 어느새 아이가 친구처럼 느껴졌습니다. 그래서인지 자연스럽게 부모·자식에 관한 이야기를 쓰고 싶어졌어요.

부모·자식을 소재로 한 시공간 소설은 대부분 그 시절의 부모와 시대를 초월해서 마주합니다. 저는 시대는 초월하는 것보다 같은 시간 선의 이야기를 그려보고 싶었어요. 그렇게 성운과 은하가 탄생했습니다.

전 어려서부터 막연하게 '엄마'가 되고 싶었습니다. 특정한 직업을 가진 제 모습을 상상하는 것보다 엄마가 된 미래를 상상하는 게 가장 흥미진진했어요. 성인이 되어 서른을 훌쩍 넘길 무렵에도 이 같은 꿈은 변하지 않았죠.

이런 제 모습을 의아하게 생각한 친구가 하루는 이런 질문을 하더라고요.

"넌 왜 그렇게 아이가 갖고 싶어? 난 우리 부모님이 힘들게 살아오신 걸 평생토록 지켜봐서인지 아이 갖는 게 너무 두려운데, 넌 그런 생각은 안 해본 거야?"

친구의 질문은 제게 신선한 충격을 주었습니다. 저는 정확히 같은 이유로 아이가 갖고 싶었거든요. 에필로그에 나온 은하의 대답은 그날 제가 친구에게 한 대답이었습니다.

"부모님이 그렇게까지 열심히 산 이유가 너무 궁금해서. 주말 휴일도 없이, 매일 저녁 12시까지 치킨집을 하시는 게 그분들 자아실현은 아니었을 테니까."

전혀 살갑지 못하고 무뚝뚝한 부모님 아래서 평생을 자랐는데도, 심지어 미성년자 시절에는 단 한 번도 '사랑한다'라는 말을 들어본 적이 없는데도 저는 저 자신이 사랑받고 있다는 것을 너무나 잘 알고 있었습니다. 하지만 저를 '왜' 사랑하는지는 도무지 알 수 없었죠.

저는 '역지사지'라는 사자성어를 가장 좋아합니다. 하지만 환생하지 않고서야 부모님은 제 자식이 될 수 없었고, 이번 생에서 역지사지하려면 제가 부모가 되는 길밖에 없었습니다. 그런 말도 안 되는 이유로 저는 '엄마'가 되고 싶었습니다.

《지하철 1호선 독서클럽》을 쓰는 동안 실제로 1호선 종점 신창역에 다녀왔습니다. 평일 낮 한가로운 시간대의 1호선은 그 풍경이 개인적으로 여느 미술관과 견주어도 손색이 없을 정도로 많은 영감을 주었습니다.

흔히들 세상을 떠난 이들을 '별이 된다'라고 말합니다. 저는 이것을 반대로 한 번 생각해 보았습니다. 결국 과학적인 관점에 추상적인 우주를 적절히 녹여내어 《지하철 1호선 독서클럽》을 집필했습니다. 소설을 쓰는 동안 너무나 행복했고, 동시에 설레었습니다. 별이라는 명사는 단어 그 자체만으로도 설렘을 내포하는 것 같아요.

일 년 전, 성환역에서 점심을 먹고 돌아오는 지하철에서 책을 건네준 K 언니와 첫사랑에 실패하지만 않았어도 지금쯤 중학생 아이가 있었을 거라며, 자신의 첫사랑 이야기를 기꺼이 나누어준 S 형에게 감사를 전합니다. 무엇보다 이 책이 세상에 나올 수 있게 해준 사유와공감에 가장 큰 감사를 드립니다.

2026. 3.

김수정

지하철 1호선 독서클럽

발행일 | 2026년 3월 11일 초판 1쇄
지은이 | 김수정
펴낸이 | 장영훈
펴낸곳 | (주)이츠북스
책임편집 | 고은경
편집 | 최지민, 주순옥
마케팅 | 남선희, 김정빈
디자인 | 디자인글앤그림

출판등록 | 2015년 4월 2일 제2021-000111호
주소 | 서울특별시 강서구 화곡로 416, 1715~1720호
대표전화 | 02-6951-4603
팩스 | 02-3143-2743
이메일 | 4un0-pub@naver.com

홈페이지 | www.4un0-pub.co.kr
SNS 주소 | 페이스북 www.facebook.com/saungonggam
　　　　　　 인스타그램 www.instagram.com/saungonggam_pub
　　　　　　 블로그 blog.naver.com/4un0-pub

ISBN 979-11-94531-35-7 (03810)

사유와공감은 (주)이츠북스의 출판 브랜드입니다.

사유와공감은 독자 여러분의 책에 관한 아이디어와 원고 투고를 기쁜 마음으로 기다리고 있습니다. 책 출간 아이디어가 있으신 분은 이메일 **4un0-pub@naver.com** 또는 사유와 공감 홈페이지 '작품 투고'란으로 간단한 개요와 취지, 연락처 등을 보내 주세요. 여러분을 언제나 응원합니다. ☺